学衡尔雅文库

主编　孙江

南京大学文科"双一流"专项经费资助

李冬木 著

国民性

Nationality

江苏人民出版社

图书在版编目(CIP)数据

国民性/李冬木著. --南京:江苏人民出版社,
2023.1(2023.8 重印)

(学衡尔雅文库/孙江主编)

ISBN 978-7-214-27031-3

Ⅰ. ①国… Ⅱ. ①李… Ⅲ. ①民族性-研究-中国
Ⅳ. ①C955.2

中国版本图书馆 CIP 数据核字(2022)第 037587 号

书　　　名　国民性
著　　　者　李冬木
责 任 编 辑　薛耀华
装 帧 设 计　刘　俊
责 任 监 制　王　娟
出 版 发 行　江苏人民出版社
地　　　址　南京市湖南路 1 号 A 楼,邮编:210009
照　　　排　江苏凤凰制版有限公司
印　　　刷　南京爱德印刷有限公司
开　　　本　850 毫米×1168 毫米　1/32
印　　　张　6.375　插页 6
字　　　数　125 千字
版　　　次　2023 年 1 月第 1 版
印　　　次　2023 年 8 月第 2 次印刷
标 准 书 号　ISBN 978-7-214-27031-3
定　　　价　40.00 元

(江苏人民出版社图书凡印装错误可向承印厂调换)

回看百年前的中国，在 20 世纪之初的十年间，汉语世界曾涌现出成百上千的新词语和新概念。有的裔出古籍，旧词新意；有的别途另创，新词新意。有些表征现代国家，有些融入日常生活。

本文库名为"学衡尔雅文库"。"学衡"二字，借自1922 年所创《学衡》杂志英译名"Critical Review"（批评性评论）；"尔雅"二字，取其近乎雅言之意。

本文库旨在梳理影响近现代历史进程的重要词语和概念，呈现由词语和概念所构建的现代，探究过往，前瞻未来，为深化中国的人文社会科学研究提供一块基石。

目录

绪
言

"国民性"（Nationality）问题意识及其话语，在东亚肇始于明治日本，并在中日甲午战争（1894—1895）、日俄战争（1904—1905）两场战争期间，伴随着民族主义（nationalism）的高涨，衍生并固定为今日之所见汉字形态的"国民性"（kokuminsei）一词。几乎在同一时期，伴随着中国留日学生译介和著述的活跃，该词也被引入到汉语中来，从而成为现今中文里的"国民性"（guómínxìng）一词。该词在20世纪中国"国民性"话语建构中发挥了重要作用。

　　这既是本书的概述，也是结论。那么，这个结论是怎么获得的呢？这是本书所要讲述的内容。

　　笔者的专业领域是近现代文学史和思想史，尤其侧重中日近代思想和文学的比较研究，有些时候会多少涉及词汇史和概念史问题，但这个方面并非笔者的专长。幸而身边还有在这个领域做专门研究的朋友，例如沈国威教授、陈力卫教授等，可以经常请教，切磋。笔者之所以把"国民性"这个词作为题目，是因为这个词语深深地介入20世纪中国的"国民性"话语建构中来，并且成为思想史当中的一个不可回避的词语和概念。例如，在鲁迅研究当中，就有一个人们早已耳熟能详的重要命题，即"改造国民性"。那么这种问题意识是怎么来的？回溯鲁迅研究史，会看到很多学者都在追踪，而这种思想史的探讨，也自然会涉及词汇史和概念史问题。比如说，"国民性"一词是怎么来的？这个概念是从什么时候开始有的？它是如何转到鲁迅那里去的？此后又是怎样传播的？在当代的话语中又是怎样被使用的？这些都是绕不过去的问题。然而，有一个奇怪的现象，那就是人们在使用"国民性"一词的时候，似乎并不认为上述问题是问题，或者说干脆没把它们作为问题。因此，当把它们逐个立项，去寻求答案的时候，就会发现这些问题几乎都没有现成的答案，即便有，也大多是笼统的、含糊的，不能令人满意。这便是笔者展开这项研究的缘起所在。

也就是说，"国民性"一词涉及词汇史、概念史、思想史乃至其在现今的言说状况，却又从未在这些方面被系统探讨过，故本书在从上述不同侧面分别对该词语加以梳理的同时，也尝试综合呈现该词语在延续至今的"国民性"话语和思想建构方面的作用和意义。本书分四章，从四个大的方面来呈现这些内容：

第一章 "国民性"一词之现状。在这一章里，会看到在一般辞书里查找"国民性"一词所遇到的情形以及特殊词典中该词的释义，会看到鲁迅与该词条内容的关系，也能看到截至20世纪80年代末，作为中国政治"标准话"的《人民日报》对"国民性"一词的传载及其传载的消长，还会看到自20世纪80年代开始的"国民性"一词"公民权"的复归及其国家记忆行为。

第二章 肇始之地："国民性"一词在日本。 首先，这一章回溯"国民性"一词的"探源"研究，指出认知上存在的模糊性；其次，通过日本通用辞书的调查，确认作为"源词"，"国民性"一词的现存状况以及该词的"语史""语志"是否存在；再次，通过对明治、大正时代出版的各类辞书的调查，确认该词最早出现于大正时代的辞书，但实际使用始于明治时代；复次，在此基础上，通过对《太阳》杂志、高山樗牛、纲岛梁川、芳贺矢一等展开文本调查，在历史现场中，捕捉到了该词诞生的瞬间；最后，是从概念史的维度对"国民性"问题意识及其与英学辞书的关系以及构词等问题进行了探讨。

第三章 "国民性"一词在清末民初中国的使用。 这一章主要以梁启超、严复、章太炎、《新尔雅》等作为调查对象，探明了"国民性"一词在清末民初中国的使用情况以及该词从日语进入中国的元年。 又通过在日语中与"国民性"一词同义的"国粹"在进入汉语后的词语演变分析，澄清了词语与概念的区别：梁启超、严复、章太炎等都不是"国民性"一词的最早使用者，但并不妨碍他们是这一概念的最早拥有者和使用者。

第四章 关于"国民性"话语的建构。 这一章探讨"国民性"话语在 20 世纪的中国是如何建立起来的。 由许寿裳对鲁迅"改造国民性思想"的阐释,重返 20 世纪初的历史现场,通过对"斯巴达"知识和思想传播的个案调查、分析,把握"斯巴达"作为近代思想材料进入中国精神界的过程以及梁启超和周树人(鲁迅)在这一过程中所处的位置。 从梁启超的《斯巴达小志》(1902)到周树人的《斯巴达之魂》(1903),他们相继完成了"斯巴达"从"心像"到"形象"的建构,为中国近代留下了一串叫作"斯巴达"的走向"近代"的精神足迹。"斯巴达"个案揭示出,不论在当时还是此后,"国民性"话语建构始终是一个漫长而复杂的过程,绝非停留在词汇史、概念史和观念论层面就可以解析的问题,深入研究离不开对具体历史过程的探讨。

尾声:一个漫长的开始。 主要归纳处在"自树"原点上的周树人所呈现出的其此后"国民性"话语建构的实践性特征,同时提示两个文本,以作为此后鲁迅"国民性"思想研究的参考。

第一章

「国民性」一词之现状

一、 辞书里的"国民性"

既然"国民性"是现今仍然存活的一个词语，那么首先就有必要对这个词语在现实当中的存在状态加以确认。 不过一旦去做确认，便或许会发生这样的疑惑："国民性"是一个消失了的词语吗？

因为对于现在生活在中国大陆的中国人来说，要想在词典里找到这个词是不容易的。 笔者意外发现，在现在人们可以从书店里购买到的或者在一般的图书馆、阅览室比较容易找到的各种最通用的词典当中，竟没有"国民性"这个词。 比如在查阅的《现代汉语词典》（1998）、《新华词典》（2001 年修订版）、《实用汉语词典》（2000）中就都找不到。 这 3 种词典都是中国出版语言工具书的核心出版社——商务印书馆出版的中型词典，除了最后一种是 2000 年才进入词典家族的新出词典①，前两种都是 20 世纪 70 年代和 80 年代以来的"修订本"②。 就它们被使用的范围而言，应该说在一般的有中学以上的学生的家庭中，拥有其中的哪一本词典都并不奇怪。 仅以中国语言学的权威机构中国社会科学院语言研究所编《现代汉语词典》为例，自 1978 年 12 月第 1 版以来，经过 1983 年 1 月第 2 版和 1996 年 7 月修订第 3 版之后，在 1998 年第 218 次印刷时，仅一次就印了 10 万册。 另据新华社 2004 年 8 月 5 日报道，《现代汉语词典》是"我国现代汉语规范使用和推广普通话历程中最重要的一部工具书"，"三十年来，创造三十五个版本、三百二十多个印次、发行四千万多册的辉煌成绩"③。 一本累计发行量达到四千万多册的词典，也不可不谓之"国民词典"了。 然而，就是在这样一本"国民词典"当中，而且在这一词典的任何版本当中，都找不到"国民性"一词。

　　顺便还应该提到《新华字典》，这是另一本几乎普及到每

---

① 商务印书馆辞书研究中心的《应用汉语词典》，商务印书馆 2000 年版，共发行 5 万册。

② 据《现代汉语词典》1998 年 6 月第 218 次印刷的版权页所记，该词典此前有 "1978 年 12 月第 1 版""1983 年 1 月第 2 版""1996 年 7 月修订第 3 版"，1998 年以后的情形不详。 又，《新华词典（2001 年修订版）》，商务印书馆辞书研究中心修订，2001 年第 36 次印刷，发行 3 万册。 据版权页，有"1980 年 8 月第 1 版""1989 年 9 月第 2 版""2001 年 1 月修订第 3 版"，2001 年以后的情形不详。

③ 新华网，http://news. xinhuanet. com/book/2004 - 08/05/content _ 1714411. htm。

个中国小学生的更为"国民"的汉语言工具书。 当然这是"字典"，以"字"为主，但因其毕竟有着"以字带词"的词典功能，所以也不妨附带看一下。 当商务印书馆在2004年出版《新华字典》的第10个修订版时，据说这本字典自1953年出版以来，已重印过200多次，"累计发行突破四亿册，是目前世界上发行量最大的词典"①。 但情形与上述词典也没有什么不同，其中与"国"字相组合的词有"国家""国货""国歌"，没有"国民"，当然也就更没有"国民性"了。

也许有的读者会说，上面提到的都是中、小型语言工具书，可能不收这个词，那些大型的、专业的辞书会是怎样呢？那么，就先来看看《辞海》。《辞海》号称是"以字带词，兼有字典、语文词典和百科辞典功能的大型综合性辞典"②。 这里有两种辞海编辑委员会所编的《辞海》，一种是1989年版缩印本③，另一种是"1999年彩图本"④——如果把作为"1989年版缩印本"底本的1979年版3卷本也考虑进去，那么就是间隔20年的有着直接承接关系的3个版本，它们都没收录"国民性"一词。

---

① 新华网，http://news. xinhuanet. com/book/2003‒12/30/content_1253693. htm。

② 《辞海（1999年彩图本）》前言，辞海编辑委员会编，上海辞书出版社1999年版。

③ 据"出版说明"，该缩印本"系根据《辞海》（1979年版）三卷本1980年2月第2次印刷本缩制。 内容除个别条目、图文略有补正外，均未作改动"。

④ 参见《辞海（1999年彩图本）》前言，全5册，正文4册，附录索引1册。

这里还有另一种词典，即彭克宏主编，1989 年 10 月由中国国际广播出版社出版的《社会科学大词典》。该词典按照"中国图书分类法"的排列顺序，将词条按照哲学、逻辑学、伦理学等 22 个学科进行分类和排列，收词条 8 000 余条，320 万字，[1]作为人文社会科学研究方面的专业工具书，这本词典不仅"大"，而且也很"专业"，然而，从中却仍然找不到"国民性"这个词。

查辞书查到这一步，是不是可以部分得出结论了？ 即在目前中国所能看到的小型、中型、大型乃至大型专业的汉语言字典和辞书当中，都没有"国民性"这个词；而这种情况实际上意味着"国民性"一词在目前现代汉语标准工具书中不存在。

那么，是不是可以说该词在汉语词典中从就来没有收录过呢？ 回答是否定的。 以中华书局 1936 年发行的《辞海》[2]为例，其中收录有"国民性"这一词条。

【国民性】(Nationality)谓一国国民共有之性质，在国人为共相，对外人为特质。[3]

---

① 参见该词典中"《社会科学大词典》撰写人员名单"和"《社会科学大词典》前言"。
② 舒新城、沈颐、徐元诰、张相主编，分甲乙丙丁戊种版式。
③ 此处引自《辞海戊种（全二册）》，中华民国二十七年（1938）十月发行，中华民国二十八年（1939）五月再版。 又，中华书局 1981、1987 年曾影印这一版本，该词条没有变动。

　　如果再进一步回溯的话，或许还可以在其他更早的汉语词典中发现。这就意味着在过去的词典里曾经有过这个词，只是在后来的辞书里消失了。

　　那么，是不是在当今的汉语言中已经不使用"国民性"这个词了？或者说即便使用却又在现今出版的所有辞书中都找不到呢？两者的回答也都是否定的。关于第一个问题，将放在下一个题目里去谈，这里先来说后一个问题。据笔者所知，在两种现在的辞书中，还可以查到"国民性"这个词。一种是1993年出版的《现代汉语大词典》①，一种是1994年出版的《中国大百科全书》②。前者全12卷，外加《附录·检索》卷，收词语375 000余条，约5 000余万字，即使后来出版的"缩印本"，也有厚厚的3大卷，长达7 923页；③后者74卷，129 000 000字，④与前面介绍过的那些小型、中型、大型的字典或辞书相比，这两种都可谓"超大型"，不仅个人很难"插架"，就是一般的学校或公共图书馆也不易购置和存放。因此，尽管这两种辞书中收录了"国民性"一词，也并不意味它

① 据《现代汉语大词典》后记：《现代汉语大词典》1986年由上海辞书出版社出版第一卷后，从第二卷起改由汉语大词典出版社出版，到1993年出齐，正文十二卷，另有《附录·检索》一卷。——此据"缩印本"《现代汉语大词典（全三册）》，1997年版。

② 《中国大百科全书》自1982年出版《体育》和《外国文学》卷起，到1994年出版《总检索》，共出74卷。

③ 新华网，http://news. xinhuanet. com/book/2003 - 12/30/content_1253693. htm。

④ 《中国大百科全书》出版说明。

们同时拥有普及和传播该词语的实用功能。 也就是说,"国民性"词条虽未在现今汉语言工具书中彻底消失,但也并未通过工具书而有效地成为记忆、构筑和传播相关知识的词语工具。查找"国民性"这个词,实在不容易!

二、"国民性"一词的记忆与鲁迅: 收录 "国民性"词条的工具书

辞书是对词语及其所表达的相关知识的整理和记忆。 一个在词典里不存在或者近乎"束之高阁"的词汇,还会在人们的语言生活中保留并且延续吗? 如果存在这种情形的话,那么又是靠什么来记忆和维持记忆的呢? "国民性"一词适用于上述疑问。

这里想以上面提到的两种大型工具书为例。 一是因为现在的读者一般不容易见到汉语言工具书对这一词条的解释,二是因为下文要通过这两种辞书的解释来说明问题,故不厌略为冗长,分别抄录如下——

《现代汉语大词典》的词条:

【国民性】谓一国国民所特有的气质。鲁迅《华盖集·忽然想到(四)》:"幸而谁也不敢十分决定说:国民性是决不

会改变的。"朱自清《〈老张的哲学〉与〈赵子曰〉》:"将阿 Q 当作'一个'人看,这部书确是夸饰,但将他当作我们国民性的化身看,便只觉得亲切可味了。"

《中国大百科全书·社会学》①卷中的词条:

guómínxìng

【国　民　性】

national character

用来表示文化精神和心理结构的集合概念。指一个民族多数成员共有的、反复起作用的文化精神、心理特质和性格特点。又称民族性格。不过,国民性通常是以国家为单位考察国民特点时使用;民族性格则相对于人格概念。中国学者庄泽宣在《民族性与教育》(1938)一书中说,"民族性系一个民族中各个人相互影响所产生之通有的思想、感情和意志,对个人深具压迫敦促之势力"。美国社会学家 A. 英克尔斯②在《民族性格》(1969)一文中把民族性格定义为成年人中最频繁出现的比较持续的人格特点或方式,并称之为"众趋人格"。

民族是一个结构体,由生物的、地理的、文化的和心理

① 中国大百科全书总编辑委员会:《中国大百科全书·社会学》,中国大百科全书出版社 1991 年版,1994 年 2 月第 2 次印刷。
② 即,艾利克斯·英格尔斯(Alex Inkeles, 1920—)。

等要素构成。民族性格是各种心理要素的组合系列。构成民族的其他要素直接或间接地影响民族性格的形成和发展。这些要素主要有:① 生物要素。如种族的血统、身体基准、人口的生殖和生长的能力等,它们是民族存在和延续的生理基础,同时又影响民族心理功能的发挥和心理活动的特点。② 地理要素。如疆域、气候、地形、物产等。生物要素和地理要素是影响民族性格的天然因素。③ 文化要素。这是影响民族性格的社会因素。中国学者梁漱溟在《中国文化要义》一书中认为,文化是维系民族统一而不破灭所必需的内在纽带,是体现民族特点的东西,民族性格是根植于人的内心的文化模式。

对中国人民族性格或国民性最早进行直接研究的,是美国传教士 A. H. 史密斯。他于 1894 年出版《中国人的气质》(或译《中国人的性格》)一书,该书列举了中国人爱面子、勤俭、保守、孝顺、慈善等 26 种性格特点。中国近代学者梁启超曾对中国人的国民性做过颇为深刻的研究。中国社会学家孙本文在《我国民族的特性与其他民族的比较》一文中,认为中国民族有重人伦、法自然、重中庸、求实际、尚情谊、崇德化六种特点,而这六种特点有优点也有缺点。(沙莲香)

上面这两条对"国民性"的解释,可以说是目前中国知识界通过辞书所能获得的(当然是理论上的,实际上未必都能看到）关于这一概念的仅有的知识支撑。尽管由此可以想象建立一个有关这一概念的知识平台是多么遥远，但它们却毕竟有着象征意义，即意味着"国民性"这一词语并没有在汉语言的规范记忆中彻底消失。

作为一种概念的解释，既然提供的是关于这一概念的知识，那么就有必要从知识体系上对解释的内容加以评价，以观其就这一概念所能支撑的程度。但笔者却想把这一工作暂时放下，而指出另一点更为重要的事实，即这两个词条在内容上都直接或间接与鲁迅有关。首先，从《现代汉语大词典》的解释中可以看到，说明这一词条的有两个例子，一个是鲁迅的文章《忽然想到（四）》的例子，另一个虽然是朱自清谈老舍作品的例子，但是作为"例中之例"，鲁迅作品中的"阿Q"还是在后一个例子中出现了。也就是说，支撑这一词条内容的实际上是鲁迅。其次，在中国大百科全书《社会学》卷的词条中，虽然鲁迅并没出现，而且从字面上也看不出与鲁迅有什么关系，但其第三段提到的"对中国人民族性格或国民性最早进行直接研究的""美国传教士A. H. 史密斯"以及他在一八九四年出版的《中国人的气质》一书，却与鲁迅有着密切的关系。再次，虽然现在无法知道《现代汉语大词典》的词条出自谁人之手，但在本书下面的内容中将会看到《中国大百科全书》词条的作者沙莲香教授对当时鲁迅研究界成果的吸收。

就目前辞书中"国民性"这一词条与鲁迅的关系而言，现在可否这样说呢？——从目前的知识系统上来讲，现代汉语规范"记忆"当中的"国民性"一词的内涵，实际是靠鲁迅来支撑的。

如果把上面分别讲到的 1936 年版《辞海》中对"国民性"的解释和在相距半个多世纪后的 1990 年代出现的两种解释加以对照，将会有不少有趣的发现，但这里的问题是，后来，这一词语在《辞海》中消失了，而且直到今天也没恢复过来。

那么，"国民性"为什么会在包括《辞海》在内的一般辞书中消失呢？

一般说来，吐故纳新，去掉那些陈旧的或成为死语的旧词，增添融入和代表新知的新词，是任何字典、词典的再版和修订都要做的工作，是知识的积累和更新所必须履行的基本手续。然而，"国民性"这个词的消失，是属于这种单纯的词语上的吐故纳新吗？回答是否定的。笔者注意到，2006 年 5 月在中国最具言论代表性的网站——新华网上还在展开关于"国民性"的讨论。① 而正像下面所要讨论的那样，"国民性"一词在现实中并没成为死语的事实，还会在更广泛的范围内看到。比如说，即使在 1949 年以后，在中国最主流的媒体《人民日

---

① 许博渊在新华网上以"国民性思考之一"至"国民性思考之六"为总体连续发表探讨"国民性"问题的文章，引起讨论。这些文章发表的日期、篇名和网址如下：

《中国人的"家国观念"要改一改》，新华网，http://news. xinhuanet. com/comments/2006 - 05/23/content_4587723. htm;

《增强民主意识是全民族的事情》，新华网，http://news. xinhuanet. com/comments/2006 - 05/24/content_4592221. htm;

《先有鸡还是先有蛋》，新华网，http://news. xinhuanet. com/comments/2006 - 05/25/content_4597018. htm;

（转下页）

报》当中也还不是一个死语。 这个词汇在作为语言规范和知识记忆的词典、辞海中的消失，与其说是因为这个词自身内容的陈旧而被淘汰，倒不如说是一种人为的削除，是国家意识形态所主导的对这一词语的有意识的遗忘。 顺便还要提到，在很长一段时间里，"人民"几乎取代了"国民"，而且人们现在也终于意识到，前者是政治概念，后者是法律概念。

表1　《人民日报》中的"国民性"

年度	篇数	鲁迅	国际	文化	文学	社会
1949	1	1	—	—	—	—
1954	1	1	—	—	—	—
1956	2	2	—	—	—	—
1959	1	1	—	—	—	—

（接上页）《谈谈国人继承的劣质遗产》，新华网，http://news. xinhuanet. com/
comments/2006－05/29/content_4614580. htm;

《国民性是什么？》，新华网，http://news. xinhuanet. com/comments/2006－
05/30/content_4619267. htm;

《入芝兰之室，久而不闻其香》，新华网，http://news. xinhuanet. com/
comments/2006－06/01/content_4627678. htm;

《国人何时才会不在卑与亢之间走极端》，新华网，http://news.
xinhuanet. com/comments/2006－06/01/content_4631452. htm;

《从中、日两位女士"窥看"外国谈起》，新华网，http://news. xinhuanet.
com/comments/2006－06/09/content_4664791. htm。

对此回应有艾琳的文章：

《对许博渊先生国民性思考的再思考》，新华网，http://news. xinhuanet. com/
comments/2006－05/26/content_4602764. htm;

《对许博渊先生国民性思考的再认识》，新华网，http://news. xinhuanet.
com/comments/2006－06/02/content_4637021. htm。

年度	篇数	鲁迅	国际	文化	文学	社会
1961	2	2	—	—	—	—
1962	1	—	1	—	—	—
1963	1	1	—	—	—	—
1967	1	1	—	—	—	—
1979	1	—	1	—	—	—
1980	1	1	—	—	—	—
1981	10	8	2	—	—	—
1984	2	—	1	1	—	—
1985	4	2	—	—	1	1
1986	10	6	—	—	3	1
1987	4	1	—	1	1	1
1988	18	5	3	6	—	4
1989	9	3	—	3	2	1
1991	2	1	—	—	1	1
1992	1	—	—	—	1	—
1994	4	—	—	—	—	4
1995	6	2	1	2	—	1
1996	4	1	1	1	—	1
1997	10	4	2	4	—	—
1998	1	—	—	—	1	—
1999	3	2	—	—	1	—
2000	0	0	0	0	0	0
2001	5	3	1	1	—	—
2002	0	—	—	—	—	—

年度	篇数	鲁迅	国际	文化	文学	社会
2003	7	3	—	2	2	—
2004	3	1	—	—	2	—
合计	115	52	13	21	15	15

然而，有遗忘也就有记忆。正像上面所说，就在国家意识形态有意识地遗忘"国民性"这一词语的同时，在最能体现国家意志的最主流的媒体上，却延续着对这一词语的记忆。

三、《人民日报》上的"国民性"及其相关事情

《人民日报》是中国共产党中央委员会机关报，创刊于1946年5月15日，号称"中国第一大报，也是世界'十大'报纸之一"①，堪称中国政治经济文化的晴雨表。从中调查一下"国民性"一词的使用状况，或许会在某种程度上看到这一词语所包含的意味以及在半个多世纪的中国的言语生活中的消长变化。

---

① 北京博利群电子信息有限责任公司：《〈人民日报〉五十年光盘版简介》，《人民日报图文数据光盘检索系统》。

　　调查的范围是 1946 年到 2004 年的《人民日报》①，调查设计和操作方式是：1. 找出每一年出现"国民性"这一词语的文章篇数；2. 分析这一词语是在怎样的语境下被具体使用的；3. 再按照不同的使用语境，把出现"国民性"一词的文章篇数进行分类，具体分类为"鲁迅""国际""文化""文学""社会"五项；4. 于是便获得了《人民日报》中的"国民性"这张表格，由此可以看到，使用"国民性"一词的文章篇数及其内容分布，即"表 1"；5. "表 2"是根据"表 1"的数据所作出的曲线表，是前者的直观形态，用以标示出现"国民性"一词的总篇数与"鲁迅语境"篇数的关系。6. 出现"国民性"一词的文章的基本信息，即日期、版号、标题、作者等，编为《附录一：〈人民日报〉中出现"国民性"一词的文章的基本信息》，但这次由于篇幅的限制，从略。

　　从这两张表中可以看到什么并且由此可以联想到哪些相关的事情呢？

　　首先，从 1946 年到 2004 年的 59 年间，"国民性"一词在《人民日报》中不是持续出现的，在其中的 1946、1947、1948、1951、1952、1953、1958、1964、1965、1966、1968、1969、1970、1971、1972、1973、1974、1975、1976、1977、1978、1990、1993、2000、2002 年就完全没有出现过，这些年

---

① 这次调查所使用的工具是佛教大学图书馆馆藏《人民日报图文数据光盘检索系统》。2001—2004 年的《人民日报》，惠蒙《中国日报（China Daily）》张毅君先生的帮助，得以检索，特在此致谢。

头累加起来有 25 年，尤其从 1968 年到 1978 年，间断的时间最长，整整有 11 年间没有出现过。 而相比之下，例如从首次出现"国民性"这个词的 1949 年到 1980 年之间，有"国民性"这个词出现的年份，累计起来只有 10 年，出现的篇数也只有 12 篇，如果只看这种情况，那么说"国民性"是个几乎被废弃不用的"死语"也并不过分。 然而，就整体而言，在 59 年时间里，有"国民性"一词出现的年头累计为 33 年，在数字上大于没有出现过的累加年份 25 年，而且出现的这一词语的文章的总篇数也达到了 115 篇，因此，也还可以说，即使在中国最占主导性地位的意识形态话语当中，"国民性"这个词，也还仍是一个废而未能尽弃，死而并不气绝的词语。 而且到今天还似乎更有一般化的趋势。

　　笔者未对其他媒体做过统计，所以不敢妄下结论，不过从有些学者在探讨"国民性"问题时因"国民性"这个词及其相关言说出现过多而流露的某种无奈——曰："国民性，一个挥之不去的话题"[①]。 曰："已是被千百遍地谈论过的老话题"[②]——来看，也可以想象这个词的使用已经到了怎样的程度。 就是说，"国民性"至少还是一个在对这一词语的集体忘却中被记忆下来的词语。

[①] 刘禾：《语际书写——现代思想史写作批判纲要》，上海：上海三联书店 1999 年版，第 67 页。 刘禾：《跨语际实践——文学、民族文化与被译介的现代性（中国，1900—1937）》，宋伟杰等译，三联书店（北京）2002 年版，第 75 页。
[②] 潘世圣：《关于鲁迅的早期论文及改造国民性思想》，载《鲁迅研究月刊》2002 年第 4 期。

其次，是鲁迅在不停地唤醒着这一忘却中的记忆。根据上面"表1"整理出的"表2"，可以明示这一点。例如在115篇使用"国民性"的文章中，除去涉及国际关系的13篇文章使用该词（可以断定其语境与鲁迅无关）外，还剩下102篇文章。在这102篇文章当中，直接或间接在涉及鲁迅的语境下使用"国民性"一词的文章有52篇，①在剩下的内容上涉及"文学""文化""社会"等方面的文章中，使用"国民性"的语境又多是鲁迅"国民性"母题的延伸。②因此，从"表2"的曲线上能清楚地看到，到20世纪80年代中期为止，使用"国民性"一词文章的总篇数的曲线，与在涉及鲁迅的语境下使用"国民性"一词的文章篇数的曲线，其升降起伏，几乎是重叠在一起

---

① 所谓"涉及鲁迅的语境"，其基本标志是，在文章中使用"国民性"一词的同时，也有"鲁迅"一词出现。但也有个别例外，即1949年的1篇和1967年的1篇。前者是报道周扬讲话的文章，标题是《周扬同志在文代大会 报告解放区文艺运动》，文中出现了"新的国民性"的提法，即"他（指周扬——李冬木注）说中国人民经过了三十年的斗争，已经开始挣脱了帝国主义封建主义加在他们身上的精神枷锁，发展了中国民族固有的勤劳英勇及其他一切优良品性，新的国民性正在形成之中；我们的作品就反映着并推进着新的国民性的成长的过程。"这篇报道中虽然没出现"鲁迅"，但所谓"新的国民性"的提法，显然是从鲁迅所批判的"旧的""国民性"而来的，因此，也视为"涉及鲁迅的语境"。后者是姚文元在"文革"期间写的批判周扬（"新的国民性"）的文章，标题是《评反革命两面派周扬》。由于姚文元的这篇文章使人们从此远离鲁迅的"国民性"语境，因此也纳入"涉及鲁迅的语境"的分类中来。

② 例如，1984年7月2日，张琢在《改革与开放——读书琐记》中写道："中国资产阶级革命民主派和'五四'文化运动的领袖都很注重总结这血的教训，从而对改造中国、改造'国民性'、振兴中华的政治革命和思想革命的必要性和艰巨性，有了更清醒的认识。"这篇文章虽然没提鲁迅，但所使用的"国民性"一词又显然是从鲁迅那里延伸过来的，诸如此类。

的；而在那以后，虽然两条几乎一直重合的曲线产生了间隔，但升降起伏还是基本一致的。 因此，所谓忘却中的记忆，实际是人们通过鲁迅来对这一词语产生记忆，这种情形正好与上面所谈辞书的情况相一致。 可以说，在半个多世纪以来的中国，鲁迅实际成了"国民性"这一话语的事实上的载体。 参见表2。

第三，从1981年起，"国民性"的词频突然增加，当年出现这一词语的文章的篇数达10篇（其中有8篇涉及鲁迅语境），就数量上来讲，这几乎相当于过去34年《人民日报》出现这一词语文章篇数的总和（12篇）。 这种突然变化，原因可能很复杂，非在此所能尽述，但笔者以为，与那一年"为纪念鲁迅百年诞辰，由天津社会科学院文学研究所和天津语文学会发起，天津市于5月20日至29日，举行了关于鲁迅改造国

表2 "国民性"一词出现年度

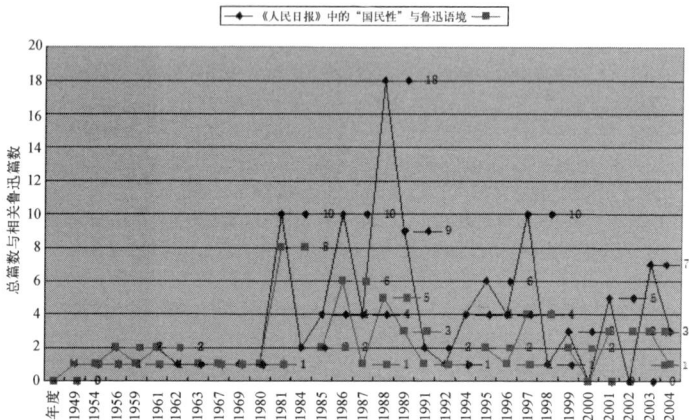

民性思想学术讨论会"①这一事情也许不无关系。"来自北京、上海和十四个省区的专家，鲁迅研究工作者参加了会议"，②而会议的成果便是翌年八月由天津人民出版社出版的鲍晶所编的《鲁迅"国民性思想"讨论集》。关于这本讨论集，今后还要具体涉及，这里只谈给人留下印象至深的一点，即很多发言者都对讨论鲁迅"国民性思想"感慨万分，以为"值得大书特书"（参见该讨论集第 13 页）。——以下在本段落中的引文，如无特别注明，均出自该讨论集，标出的页码数为该讨论集里的页码），"值得庆幸"（参见第 346 页），因为"国民性"问题，一直"是鲁迅研究的禁区"（参见第 22、29 页），人们对此"不敢越雷池一步"（参见第 170 页），在 30 多年的时间里，鲁迅研究界"有意无意地忽视或回避了"（参见第 66 页）这一问题——其中，"回避"一词出现的次数之多，③也恰可以表明在对"国民性"这一词语的忘却中，学界所做出的自主疏远。疏远到了什么程度了呢？在 1981 年这一时间点上，"现在来谈'国民性'思想，也就像欣赏'出土文物'，……未免将信将疑"（第 118 页）。而在大会《闭幕词》中，也留下了心有余悸的话，说"如果没有党的十一届三中全会"，这个会"即使勉强召开，也会变成'黑会'"（第 68 页）。这种情形，恰好为在上

① 参见《〈鲁迅"国民性思想"讨论集〉前言》，鲍晶编《鲁迅"国民性思想"讨论集》，天津人民出版社 1982 年版，第 1 页。
② 参见《〈鲁迅"国民性思想"讨论集〉前言》，第 1 页。
③ 参见《鲁迅"国民性思想"讨论集》第 17 页、66 页、146 页、415 页。——这只是笔者在作一般性浏览时所关注的点。

一个题目中讲的中国的辞书里为什么没有"国民性"这一词条提供了有力的注释。 1981年，在《人民日报》中"国民性"这一词频的突增，实际上意味着一个宣告，借用十几年之后一位日本学者对1981年讨论会的评价之言，便是"关于所谓鲁迅'国民性思想'的讨论，终于获得了市民权"①！

第四，鲁迅研究界在1981年对鲁迅"国民性思想"所做的问题的集中提起，不仅意味着在专业学术研究领域内对"国民性"这一词语的记忆的恢复，而且也意味着在思想和社会文化方面对"国民性"问题的全面提起。 正如当年讨论会的一篇论文所说，"'国民的弱点'可以说仍然是'四化'的一种阻力。因此重新认识鲁迅对国民性的研究，总结其经验，就不仅仅是一个学术问题，而是有现实意义的"②。 鲁迅研究史家后来在评价这一现象时指出，这是"文革"以后中国知识分子思想状态的反映："痛定思痛、反思封建专制主义的危害、痛感反封建思想革命的必要性"③。 这无疑是正确的，不过现在看，反省"文革"也还只是问题的一面，事实上，关于鲁迅"国民性思想"的讨论在当时所要面对的不仅是"文革"中暴露的"国民性"问题，更是进入改革开放时代所将面临的"国民性"问题，其所导致的客观结果是，把"文革"中暴露的"国民性"

---

① 北冈正子：『魯迅　日本という異文化のなかで——弘文学院入学から「退学」事件まで』，関西大学出版部，2001年3月，第291页。
② 邵伯周：《试论鲁迅关于"国民性"问题的见解》，《鲁迅"国民性思想"讨论集》，第168页。
③ 张梦阳：《中国鲁迅学通史》上卷，广东教育出版社2002年版，第543页。

问题，通过鲁迅重新提起，由此引发出现实中的中国"人"的问题，即精神文化问题。

因此，从上面的表中也可以清楚地看出，尽管在1982、1983这两年没有出现"国民性"一词，但从1980—1989年的10年（实际是8年）间，《人民日报》出现"国民性"一词的文章篇数共有58篇，比此外48年间出现的篇数总和（57篇）还要多。而且，出现的情形也发生了变化，到1980年为止，"国民性"一词的出现，几乎与"鲁迅"一词的出现相伴随，而在此后的文章里，"国民性"一词由鲁迅的"专属词汇"，开始向社会生活的其他领域延伸使用范围。仅以1986和1988这两年为例，1986年出现"国民性"词语的文章为10篇，有6篇是在语涉"鲁迅"的情况下出现，有3篇是"文学"，有1篇是"社会"。1988年有18篇，是《人民日报》上出现"国民性"史上最高的1年，但其中只有5篇在语境上与鲁迅直接有关，其余分散到"国际"（3篇）、"文化"（6篇）、"社会"（4篇）方面，明显地表现出这一词语正在扩大的使用范围。"表2"中这两年"总篇数曲线"和"相关鲁迅篇数曲线"之间产生的"间差"，表明的正是这种情况。由此，人们可能联想到20世纪80年代中后期许许多多的政治、思想乃至社会文化现象，比如文学或文化上的"寻根热"等。

四、 20世纪80年代两部关于"国民性"的书

20世纪80年代中后期,"国民性"开始在《人民日报》上激增的现象,虽然可以在一般的意义上说明这一词语在时代语言中的力度,以及它作用于社会生活的深度和广度,但到底有多少报纸杂志,有多少文章或作品,有多少本书使用了"国民性"一词或者涉及"国民性"问题,现在却无法统计。 这里以当时出版的两部书为例,来具体看一下"国民性"(这一词语和问题)在当时的意识形态当中究竟处在怎样的位置。

一部是温元凯、倪端著《中国国民性改造》,1988年8月由香港曙光图书公司出版,另一部是沙莲香编著《中国民族性》(一)、《中国民族性》(二),由中国人民大学出版社分别于1989年3月和1990年7月出版。 这两部书的立意都很明确,那就是通过对中国国民性的研究和分析,找出中国国民性的特点(主要是弱点),唤起人们的注意,以减轻改革开放所遇到的来自国民心理和传统文化的阻碍。①

---

① 如《中国国民性改造》前言中的:"改革的实践,使人深切地体会到了旧的文化——心理的羁绊。"(该书第1页)"在我们民族走向现代化的时候,我们更多地感受到了表现在我们民族旧文化上的国民的劣根性对改革的阻碍……对于国民劣根性的改造,是当前不应忽视的一个重要问题。"(第2页) (转下页)

前一部书的作者之一温元凯，是 20 世纪 80 年代中国改革的样板式人物，他的最初由科技领域发出的一系列关于体制改革的主张和所从事的实践，经常是全国媒体关注和报道的焦点①，被当时香港媒体称为"中国学术界四大金刚之一"②。《中国国民性改造》可以说是温氏改革主张的理论归结，从中可见当时中国改革所关注的问题以及改革诉求所达到的深度。

后一部书实际是一个国家重点课题的成果。 该课题的名称是"中国人民族性格和中国社会改革"，"（课题）于一九八六年十月经国家社会科学基金会评审通过，被纳入国家第七个五年计划期间重点研究项目，受国家社会科学基金资助"③。 此

（接上页）《中国民族性（一）》编后记认为："随着我国改革与开放的不断发展，终于在八十年代中期酿成了中国'文化热'。 人们清楚地意识到，对中国文化及中国人的研究是中国社会改革的需要，势在必行。"（该书第341 页）

① 温元凯是中国科学技术大学（安徽）从事量子化学研究和教学的青年教师，1980 年被中国科学院提升为副教授。 自新华社报道的这一消息在 1980 年 1 月 5 日的《人民日报》上发表后，在整个 80 年代，"温元凯"这个名字就不断地出现在从中央到地方的各级领导人的讲话中，也出现在包括《人民日报》在内的各种媒体上。 由于温本人对科技体制改革的呼吁和所从事的实践活动，使他成为那个时代中国改革的代言者之一。 据笔者对《人民日报》的调查统计，在 1980 至 1989 年的 10 年间，这个名字在总共在 60 篇文章里出现过。

② 参见温元凯、倪端《中国国民性改造》封底，香港：香港曙光图书公司，1988.

③ 参见《中国民族性（二）》前言（第 1 页）和《中国民族性（一）》（第 337—338 页）。

项课题研究，前后有几十人直接或间接参与①，"用去大约四年功夫"②，其成果是出版了编、著各一的两本书。③

　　课题申请人，即该部书的编著者沙莲香教授，后来是《中国大百科全书》社会学分卷中"国民性"词条——这一词条前面已经引用过了——的作者，看来也并非偶然，大百科全书中的词条，可以说是"中国人民族性格和中国社会改革"这一"七五"期间国家重点研究课题所带来的直接结果，其对"国民性"的解释，既体现了当时对国民性问题的整体认识所达到的理论水准，也记录了当时的研究所存在的学理上的缺点，比如说关于"国民性"这一词汇的语源问题几乎没有涉及，这就使这一概念的理论背景显得暧昧模糊（详细情形后述），等等。

　　总之，两部书的出版和当时《人民日报》上频繁出现"国

---

① 在《中国民族性（一）》前言和《中国民族性（二）》后记中提到的直接参加课题研究以及对课题给予协助的中外专家学者有 30 多位。课题申请人沙莲香亦坦言，课题完成"绝非我个人力量所致"。（《中国民族性（二）》第 362 页）

② 《中国民族性（二）》后记，第 360 页。

③ 这是部由两本书——即《中国民族性（一）》和《中国民族性（二）》——构成的著作，其中《中国民族性（一）》是历史上对中国民族性认识的主要观点的资料汇编，从 71 个人物的著述中，抽取出 500 多个观点，用编者的话说，实际上是一张"历史上有关研究中国人的主要观点及其主要论据"的详细图表，即"历史量表"（参见该卷前言）；《中国民族性（二）》是以前者的"历史量表"为参照，对生活在 1980 年代现实中的中国人展开的问卷调查、统计及比较和分析。据作者说，课题的研究对象是"作为一个整体的中国人"，而所谓"'整体'是包括了历史上和现在甚至将来相当长时期的中国人。研究的人手点是八十年代的中国人，即通过八十年代的人把握贯通古今、背负民族文化的中国人"（该卷第五十二页）。现在应该指出的是，不论是前者的"历史量表"，还是后者的对 20 世纪 80 年代中国人性格特征的量化研究，在中国本国的国民性研究方面都属首次尝试，具有划时代意义。

民性"一词的情况相互印证，可使人推知"国民性"一词在 20
世纪 80 年代中后期中国的政治、文化乃至学术领域当中的地
位。 如果说那时所谓的"文化寻根热"，其本质是中国人对自
身的反省、认识和研究，那么"国民性"一词就是这一意识活
动中的一个最重要的概念工具，它是中国人在主体意识当中把
自身作为一个"整体"，作为一个"客观对象"来加以认识（亦
即"客观对象化"）时的关键词语。 从这个意义上可以说，"文
化寻根热"，实际上就是"国民性研究热"。 而在 20 世纪 90
年代出齐的《现代汉语大词典》（1993）和《中国大百科全书》
（1994）中相继有"国民性"词条出现，也正是"八十年代
'热'"的结果，标志着这一词语自 1949 年以来首次被官方正
式认可。

　　然而这里还仍然要强调的是"鲁迅"在这一"关键词语"
中所发挥的关键作用。 就以上两部书为例，它们都不是"鲁迅
研究"领域的著作，却又都从鲁迅"改造国民性"的立意上起
步，并把鲁迅的许多观点纳入自己的内容。① 可以说，作为一

----

① 比如《中国国民性改造》这一标题就是鲁迅的题目。该书开篇劝诫国人要勇于
　面对自己的短处："一个民族只有心服口服地承认自己确有差劲之处，才能自立
　自强起来。 ……鲁迅先生曾对我们的人民'哀其不幸，怒其不争'，他的一
　生对'国民的劣根性'作了种种深刻、形象的刻画和揭露。 然而，正是他，才真
　正无愧于'民族魂'的称号。"（第 2 页）第四章"改造国民性的诸因素"第三
　节标题曰："文艺——'引导国民精神的前途的灯火'"。 这话也是鲁迅的，出
　自《论睁了眼睛看》（《坟》，《鲁迅全集》第一卷第 240 页）。又如，在《中国
　民族性（一）》中，鲁迅被列为一家之言，而这一课题本身也有鲁迅学者的参
　与，《中国民族性（二）》后记有言："张琢和张梦阳先生为资料集提供了有关
　鲁迅研究的成果。"

般现象，"鲁迅"已经在事实上渗透到了中国关于"国民性"讨论的任何一种语境当中。

此外，从"国民性"在《人民日报》上的消长曲线上似乎还可以看到更多的发人深思的内容，比如这一词语的波动与我国的政治形势以及意识形态领域形势的关系等。笔者相信，如果去做深入的调查和探讨，将不无许多有趣的发现，这里只提示一点，那就是任何一场政治风波都会导致"国民性"一词在《人民日报》上的消减。总之，"国民性"一词似乎与中国的文化和政治构成了一种密切的联动关系，它在中国主流话语中的多寡，似不妨看作政治与文化的晴雨表，其详细情形虽有必要做进一步的探讨，但因为是已经超越本书范围以外的问题，所以在此"割爱"。

五、"国民性"：一个记忆与遗忘的故事

以上通过两项调查，即辞书与《人民日报》，对"国民性"这一词语七十年间在现代汉语中的存在方式，进行了一次近乎纯粹语言学意义的考察。毫无疑问，这并不是一次全面的考察，或者说充其量也只能叫作关于一个词语的"抽样调查"，然而即便如此，也足以使人充分感知到"国民性"这个词语本身所具有的思想文化内涵以及这个词语所涉及的许多重大问题。

"国民性"不是单纯的语言学意义上的词语问题，而是和 20 世纪中国精神史有着重大关联的思想问题、文化问题、社会问题。折射在这一词语上的问题，如在上面所看到的关于这一词语的"忘却与记忆"的问题，其本质不过是 20 世纪中国思想史问题的一种外化形式。

在本章所设定的这几个题目当中，实际上都分别包含着两种截然相反的结论，即"国民性"这个词的"非存在"，和"国民性"这个词的"存在"。词典中没有这个词，词典中有这个词；主流媒体，例如《人民日报》上不大使用这个词，却又在有力传播这个词；作为一个概念，这个词几乎没有一个经过系统整理的、成体系的知识（如除了这一词语内涵的解释外，它的发生、发展和演变及其意义等）环节来支撑，却又在现实中被广泛地当作一种思想来介绍、来接受、来运用。"国民性"一词在传播过程中所出现的这两种截然相反的现象，反映出来的实际是思想史上两种主观意志的相反作用，一种是拒绝和排斥这一词语及其思想，另一种则是认同和接受，如果说前者的主体意识行为对其所承担的是"忘却"的职能，那么后者的主体意识行为所承担的就是对其加以"记忆"的职能。因此，在现代汉语词汇史上，在 20 世纪中国精神史上，再没有哪一个词汇更能像"国民性"这个词汇那样，编织着如此丰富的忘却与记忆的内容。

现在，这场忘却与记忆的角逐还在继续，而鲁迅作为"国民性"这一词语的最重要的承载者的角色却始终未变。由于鲁迅的存在，使"国民性"的记忆从被忘却中唤醒，并在抹杀中至今仍顽强地保持着话语权。事实上，排斥和否定"国民性"的意识行为本身，也构成了对"国民性"的记忆，因为无论肯定或否定，记忆或遗忘，似乎都要从"鲁迅"那里开始，而"鲁迅"也几乎渗透到了关于这一话题讨论的所有层面。鲁迅并没为"国民性"下过定义，却为词典中的定义提供了思想内涵；而尤为重要的是，他不光使"国民性"只是作为一个概念留在辞书中，还更使"国民性"作为一种富有实践精神的思想"活"在了辞书以及"官方话语"之外。"国民性"因鲁迅而成为中国人反观自身的转换性概念，亦因鲁迅而成为反观自身之后如何去"想"，如何去"做"的思想。到目前为止，关于这一思想的知识体系的平台，事实上还仍然是由"鲁迅"来构筑的。竹内好（Takeuchi Yoshimi, 1910－1977）在 20 世纪 40年代谈到鲁迅的死时说："鲁迅的死，不是历史人物的死，而是现役文学者的死。"①就鲁迅与"国民性"这一词语的关系而言，这一评价仍然没有过时，因为他至今还不是一个"历史人物"，而是一个"现役"的"国民性"问题的论者。可以说，鲁迅在很大程度上是以"国民性"问题进入并且不断参与现代中国的文学史和思想史的。作为一种话语关系，在上面的两项调查中所偶然看到的"鲁迅"与"国民性"这两个词的关联，

---

① 竹内好：『魯迅』，日本評論社，1944 年。参见竹内好《近代的超克》，李冬木、孙歌、赵京华译，三联书店（北京）2005 年版，第 10 页。

也恰好呈现了鲁迅的"国民性"问题意识与现代中国思想史的不可分割的内在关系。"国民性"问题是中国现代思想史上仍未解决的一个重大课题。 人们可以无视这个问题，就像从《辞海》中把这个词条删除一样，也可以否定这一思想的价值，然而，"国民性"问题又总是以各种方式表现出来，使人们要不断地面对它，由于每当这时总有"鲁迅"出现，因此也就不可回避地要遇到一系列与鲁迅相关的重要问题，如鲁迅的"国民性"思想本身的形态究竟是怎样的？ 它在"鲁迅"当中究竟占有怎样的位置？ 今天应该如何来评价？ ——这些问题虽然都并不是新问题，但围绕它们的探讨和争论至今还在继续，它们在事实上构成了"鲁迅"在现代思想史当中的某种参与和存在的方式。

第二章

肇始之地：『国民性』一词在日本

一、 认识的模糊性：关于词源问题

综观以上所述，我们已经非常深地介入到"国民性"这一问题中来，我们至少已经知道这一问题与语言、思想的关系以及鲁迅在这一问题的背后所发挥的作用。 然而，这些还仅仅是问题展开的基本背景。 就词语本身而言，接下来的问题就自然是"国民性"这一词语在鲁迅文本中到底是怎样的，鲁迅在中国是否是第一个使用"国民性"一词的人，等等。

通过笔者此前的调查①和现在从北京鲁迅博物馆提供的

---

① 笔者曾以人民文学出版社 1981 年版 16 卷本《鲁迅全集》为底本进行调查统计。 参见拙文《"国民性"一词在中国》，佛教大学『文学部論集』第 91 号，2007 年 3 月 1 日。 本书此次以人民文学出版社 2005 年 18 卷版为底本，以下引文皆出自该版。

"在线检索系统"①核实可以知道，鲁迅文本中共有 17 篇 20 次使用"国民性"一词。 首次使用是在《摩罗诗力说》里②，这是篇作于 1907 年留日时期的文艺评论，而且在后来也有"改革国民性"③或"国民性可改造"④的提法。 但一般认为，鲁迅在中国并不是第一个提出"国民性"问题的人，与此相关，亦可推断他也不会是第一个使用"国民性"一词的人，人们就此往往要提到鲁迅之前的梁启超（1873—1929）、严复（1854—1921）、章太炎（1869—1936）等人。 但问题是，如果是这样的话，那么这些人当中又是谁最早提出"国民性"问题，至少是谁最先使用"国民性"一词的呢?

这个问题很长时间没有答案。 不过就"国民性"这个词本身而言，似无人认为是中国人原创而将目光投向了近代日本。在上面提到的 1981 年在天津召开的"关于鲁迅改造国民性思想学术讨论会"上，就已经涉及了"国民性"的词源和概念特指，尽管今日看来不无可商榷之处，但却具有将讨论引向深入的可能性。 如陈鸣树和鲍晶都明确指出"国民性"这个词来自

---

① 北京鲁迅博物馆（北京新文化运动纪念馆），检索地址：http://www. luxunmuseum. com. cn/cx/。
② 鲁迅:《坟·摩罗诗力说》,《鲁迅全集》第 1 卷，第 83 页，"裴伦大愤，极诋彼国民性之陋劣"；第 90 页，"或谓国民性之不同"。
③ 鲁迅:《两地书·八》,《鲁迅全集》第 11 卷，第 32 页；同卷《书信·250331 致许广平》，第 470 页。
④ 鲁迅:《译文序跋集·〈出了象牙之塔〉后记》,《鲁迅全集》第 10 卷，第 270 页。

日语①，虽然缺少具体论证，但在客观上已经深入中日近代词汇交流史的问题——鲍晶"词侨归国"的提法是个饶有兴味的比喻——其问题的引申指向必然是，可否将"国民性"思想作为外来思想来考虑？然而遗憾的是"可能性"并未变成可能，当时隔二十多年的 2002 年 4 月 6 日，《鲁迅研究月刊》编辑部邀集学者再次召开"鲁迅改造中国国民性思想研讨会"时，中国鲁迅研究界几乎仍在原地踏步地就此思想进行"探源"，至少，自此以后几乎没有进步，人们并未在已知这个概念是来自日语的一个"外来语"的基础上向前走得更远，甚至还倒退了，例如有学者甚至断言，"绝不是某种外来思潮的移植"②。

此后，在汉语圈内，唯一值得注意的发言是刘禾的关于"国民性"一词的"考源"。③曰："'国民性'一词（或译为民族性或国民的品格等），最早来自日本明治维新时期的现代民族国家理论，是英语 national character 或 national characteristic 的日译，正如现代汉语中的其他许多复合词来自明治维新之后的日语

---

① 陈鸣树在《论国民性问题在鲁迅思想中的地位》中指出，国民性"首先是从日语'国民性'传入中国的"（鲍晶编《鲁迅"国民性思想"讨论集》第169页）。鲍晶《鲁迅早期的"立人"思想》一文亦认为："'国民'和'国民性'，是从日语中引进的。日语中'国民'的语源来自中国，它算是'词侨归国'"（《鲁迅"国民性思想"讨论集》第223页）。
② 参见《鲁迅研究月刊》2002年第5期讨论会纪要。引文为钱理群发言，见该刊第14页。
③ 刘禾：《"国民性"一词考源》，载《鲁迅研究月刊》1995年第8期。其详细内容见于《跨语际实践——文学、民族文化与被译介的现代性（中国，1900—1937）》一书中。

一样。……有关国民性的概念最初由梁启超等晚清知识分子从日本引入中国时，是用来发展中国的现代民族国家理论的。"①刘禾将该解释（词汇）填入她编制的《现代汉语的中—日—欧外来词》作为"附录 B"附于自著之后，而呈"national character kokuminsei 国民性 guominxing"②之形态。但很遗憾，虽然这是作者在自著中特设一章来"着重考察"的"一个特殊的外来词"，却并未给出推导上述结论的任何检证过程和根据，因此并不意味着在有关"国民性"词源的看法上有了实质性的推进。问题还是模糊和不确定的。例如，明治时代有45 年，倘若不把"明治维新时期"理解为这整个期间，那么当是一般常识所指的 1867—1868 年前后的"王政复古""大政奉还"，或者再扩大一点说，可以延及到明治宪法颁布的明治二十二年（1889）前后了。"国民性"一词果真是这一时期翻译的吗？它又是怎样从"英语 national character 或 national characteristic"变成日语汉字词汇"国民性 kokuminsei"的呢？"梁启超等晚清知识分子"是怎样"最初"把这一词汇"引入中国"的呢？很显然，已做的"探源"对此并没做出回答，在问题的模糊和不确定这一点上，较之 20 世纪 80 年代的讨论并无改变。

---

① 刘禾：《跨语际实践——文学、民族文化与被译介的现代性（中国，1900—1937）》，宋伟杰等译，第 76 页。

② 刘禾：《跨语际实践——文学、民族文化与被译介的现代性（中国，1900—1937）》，宋伟杰等译，第 396 页。

看来，"国民性"的"词源"的确成为问题。"词源"不明，不仅是词语来路问题，而是思想链条的衔接问题，由于不能通过"词源"找到上一个思想环节，那么概念本身或思想也就容易成为一个脱离具体的历史过程而被任意解释的对象。在这个意义上，"词"与知识和思想"同源"，"词源"即"知识源""思想源"。正确把握"国民性"这一词语的"词源"，也许就是走进包括梁启超和鲁迅在内的中国"国民性"思想过程的一个关键。

"词源"在日本。那么日本的情形又是怎样的呢？"海客谈瀛洲，烟涛微茫信难求。"①对于当年的李白来说，日本当是自《史记》以来所谓海上"三神山"②的"微茫"境界，对于现在的中国人来说，肇始于近代日本的"国民性"一词，其"词源"问题又何尝不是如此？只要不实际走到明治时代具体的语境中去寻找，便永远不会摆脱"烟涛微茫"的模糊之境。在这个意义上，"国民性"的"词源"问题，又是涉及中日间相互认识的大问题了。

---

① 李白：《梦游天姥吟留别》，《李太白全集》中册，中华书局1990年版，第706页。
② 《史记》卷六："齐人徐市等上书言海中有三神山，名曰，蓬莱、方丈、瀛洲。"（司马迁：《史记》第一册，中华书局1982年版，第247页。）

二、 日本通用辞书里的"国民性"及其"语史""语志"

日语辞书里有这个词，这与一般现代汉语辞书里不收这个词恰好形成鲜明对照。 小学馆与商务印书馆合编的《日中辞典》（小学馆，1987）和《中日辞典》（小学馆，1992）是目前日本最为通用的日中、中日辞典，但就"国民性"一词而言，两者并不对应。 前者收该词条，后者无该词条，即使是现在的第2版，这一点也无改变。 此外，20世纪80年代中国最为畅销的商务印书馆《日汉辞典》（1959年初版，1979年重印）收"国民性"一词，但吉林大学编《汉日辞典》（吉林人民出版社，1982年）却并无该词。 可见"国民性"在日中和中日辞书中的有与无是泾渭分明的。

那么，这个词在日本通常的辞典中是怎样的呢？ 请看以下几种：

◎『新明解国語辞典 第四版 』（金田一京助、柴田武、山田明雄、山田忠雄編，三省堂，1989）：【国民性】その国の国民一般に共通した性質。 ［译文：其国国民一般共有之性质］

◎『学研国語大辞典 第二版 』（金田一春彦、池田弥三郎編，学習研究社，1988）：こくみんせい【国民性】その国の

国民が共通してもっている特有の性質・感情。 ［译文：其国国民共同具备的特有的性质、感情］

　　◎『大辞林　第二十二刷』（松村明編，三省堂，1992）：こくみんせい○【国民性】価値観・行動様式・思考方法・気質などに関して、ある国民に共通して見られる特徴。 ［译文：见于某国国民的关系到价值观、行动方式、思考方法、气质等方面的共通特征］

　　◎『広辞苑　第五版』（新村出編，岩波書店，1998）：こくみんせい【国民性】（nationality）ある国民一般に共通する性質。 その国民特有の価値観や行動様式・気質などについていう。 ［译文：某国国民普遍共有之性质。 就其国民特有的价值观、行动方式和气质等方面而言］

　　除此之外，更大的辞书还有以下两种，因后面还要涉及，此处暂时省略该词条的解释。

　　◎『大漢和辞典　修訂版』（諸橋轍次著，大修館書店，昭和六十一年九月修訂版第七刷）

　　◎『日本国語大辞典』（日本国語大辞典刊行会編，小学館，第一版 1972—1976；第二版 2000—2002）

　　总之，尽管在说法上各有不同，但在指一国国民所共同具有（日语做“共通”）的特性上是一致的，而这种特性又可具体落实到价值观、行动方式、思考方法和气质等方面。 这是在日语辞书中所看到的通常的解释。

　　然而，即使在日本，关于该词的“语史”或“语志”其实也不存在。 就是说，该词即使在"近代词汇"的研究方兴未艾的语言学或词汇学领域，也从未成为被专门研究的对象。 不仅如此，在专门探讨"国民性"问题的思想领域，作为表述（命名）这一思想的词汇，"国民性"的词语问题实际也被搁置，或者说被忽视。 可以确认这两点的证据能够找出很多，这里只通过两种较为易寻的资料来说明问题。 一种是佐藤喜代治等七名日本当代著名的词汇学家合编的『漢字百科大事典』（明治書院，1996），该书为 16 开，厚达 1730 页，是日本第一本也是迄今为止最权威的一本关于"汉字和汉语"的大型专业百科事典。 其"资料编"中作为「漢字文献研究目録」的第二种而收录的"字别"即"逐词"排列的目录里未见"国民性"这一词条；飞田良文编「和製漢語一覧」的"近代"部分，收词 519个，其中虽有"国民性"，但"注记等"栏目却是空白，按照词表《凡例》的说明，这便意味着该词作为"译语"的"源词"、它的"造语者"以及形成的过程都是未知的。

另一种是南博著『日本人論　明治から今日まで』（岩波書店，1994）。 由于日本近代关于"国民性"问题的讨论主要集中在所谓"日本人论"当中，因此，南博关于"日本人论系谱"的研究目前便处在关于国民性问题这一专项研究的具有代表性的位置上。 南博的这本书主要以日本近代以来思想史上的国民性讨论作为问题，对其脉络走向整理和阐释得都相当清楚，仅明治时代就列专著和文章不下百种，但由于其着眼点是"思想"内容本身而非表述思想的名词，因此词汇本身也就不

构成问题。 可以说，在该系统中这是一种普遍现象，并非只是
南博的著作如此，同类著作一般都不涉及词源及其生成与演变
过程等问题。

由此可知，不论词汇研究还是思想研究，都没把"国民
性"这一词汇本身作为问题提出，也许这并不妨碍在日语语境
下对各自领域的问题加以探讨，但既然是要寻找现代汉语中
"国民性"一词的词源，那么就与这两方面都构成关系。 在本
书的问题框架内，思想和词汇问题是一个有机整体的两个侧
面，只是出于描述的方便，才将两者相对分开探讨。

三、"国民性"一词不见于明治时代出版的各类辞书

从上文可知"国民性"一词在现在日语辞书里的一般存在
形态及词义。 接下来的问题便是：在日语当中这个词是从何时
开始使用？ 又是怎样形成的？ 与其伴随的思想过程又是怎样
的？ 等等。 为着手解决这些问题，有必要再确认一下在中国
的"国民性"话语中已知的关于这个词的知识，以此为出发点
来求证未知。 如前所述，已知的"探源"研究并未找到词源。
不过，既然有"明治维新时期"的提法，那么查一查明治时代
的辞书也是应该的。 只是从查找结果来看，似乎不妨说得武断
一些，"国民性"作为一个词条，不见于明治时代出版的各类辞

书。 尽管在词汇研究者中有一条常识,即断定一个词的存在比较容易,断定一个词的不存在却很难,而且笔者也愿引以为戒,但还是忍不住试做以上结论。 其基本根据是查遍目前大抵可以找到的、明治时代出版的分属于三个系统的主要辞书,没有发现有这个词条。 三个系统的辞书,是指(甲)汉语辞书、(乙)英学辞书、(丙)国语辞书。

(甲)汉语辞书,主要参照的是 65 卷本『明治期漢語辞書大系』(松井栄一、松井利彦、土屋信一監修・編集,東京大空社,1995—1997),该大系收截至明治三十九年(1906)、日本在 40 年间出版的各类"汉语辞书"140 种。

(乙)英学辞书,并不止于"英和"或"和英",也包括部分被认为对前者构成影响的"英华"和"华英"在内,虽并非明治时代"英学辞书"的全部,似也占了绝大部分,有包括被视为基本英学辞书的"日本近代英学资料"和"近代英华・英华辞书集成"在内的自 1867—1911 年间的 29 种辞书(具体参见本章"六")。

(丙)国语辞书,主要参照『明治期国語辞書大系』(飛田良文、松井栄一、境田稔信編,東京大空社,1997—1999)所收从明治四年(1871)至明治三十五年(1902)的 23 种辞书以及同大系"别卷"之『書誌と研究』。

众所周知,就其来源而言,现代日语词汇出自三个语言系统:一个是日语固有词汇,一个是来自汉语的词汇,一个是来自西语的词汇。 它们在日本语言学领域分别被称为"和语"、

"汉语"和"外来语"。 严格说来，"汉语"也应算作"外来语"，但由于有着悠久漫长的语汇融合历史，习惯上也就不把"汉语"放在"外来语"之内。 日语中所谓的"外来语"一般是指从西语中进入到日语中的词汇；而所谓"汉语"，译成中文应该叫作"汉语词汇"。 不过有一点需要注意，日语中的"汉语"即"汉语词汇"，除了出自中国本土汉文典籍的词汇之外，还有大量的是日本人在习读和使用汉语的过程中自己创造的，由于后者不是来自中国本土，所以人们通常把后者称为"和制汉语"。 "和制汉语"一般可以理解为在日本被创造和使用的汉语词汇。 包括"和制汉语"在内，在日语中"汉语"自古就有，而且不断增加，特别是到了明治时代，有了爆发性的增加，"并非只是过去就已经使用过的那些词汇，有很多是新造或被赋予新意的，还有很多是为翻译外语而产生出来的"，从而进入了一个被专家称为"汉语大众化"的时代，①上面介绍过的『明治期漢語辞書大系』所收各类"汉语辞书"140 种就是最好的证明。

　　虽然迄今为止"和制汉语"的定义和词汇范畴仍是一个颇有争议的问题②，但即使按照最严格的规定，"国民性"这个汉语词汇也应该属于"和制汉语"，即它是一个在日本产生的汉语词汇。 假设这个词汇是日本人在明治时期用汉字创造出来，

---

① 松井栄一、松井利彦、土屋信一：「明治期漢語辞書大系・刊行のことば」。
② 参见陈力卫『和製漢語の形成とその展開』，汲古書院，2001 年 2 月。 该书序章用 47 页的篇幅来讨论"和制汉语的概念与问题点"。

用以翻译某个西语词汇(例如 Nationality)并使之"归化"为"国语"的话,那么它作为词条或作为对词条解释的用语而最有可能被收藏的形态,就是上述(甲)(乙)(丙)三类辞书。这三类辞书可谓明治时期的基本语料库,是日语"近代语成立"过程中的语汇素材,并构成现代日本国语的词汇基础。 但由以上调查结果可知,"国民性"一词不见于明治时期的由(甲)、(乙)、(丙)三类辞书构成的这一基本语料库中。 另外,『明治のことば辞典』(惣郷正明、飛田良文編,東京堂出版,1986)也未收"国民性"这一词条。

四、"国民性"一词见于大正以后出版的辞典

那么,接下来的问题是,"国民性"这一词条是从什么时候起被收入辞典的呢? 在笔者的调查范围之内,目前首次见到该词条的辞典是时代研究会所编『現代新語辞典』,此次所见版本为耕文堂大正八年(1919)的第 7 次印刷,版权页表示,该词典的第一次印刷时间为 1918 年。 不过这已经是属于"明治以后"的辞典。 『近代用語の辞典集成』(松井栄一、曽根博義、大屋幸世監修,東京大空社,1994—1996)收明治四十五年(1912)到昭和八年(1922)的"近代用語"辞典复刻版四十二种,『現代新語辞典』为其中之一。 事实上,在这本辞典

中该词条除了"こくみんせい国民性"这一平假名加汉字形态外，还有以片假名来标注的"外来语"形态，即"ナショナリティー"。后者是英语 Nationality 的日语音译，其词条解释是"国民性"。就是说，"こくみんせい国民性"和"ナショナリティー"都作为"新语"词条而并存于同一辞典当中。像如此"一词两收"，两种形态并存的辞典，在"集成"中占九种。

那么，两者在时间上有先有后吗？就"集成"收录辞典所见，初见"ナショナリティー"一词的辞典是『文学新語小辞典』，出版时间为大正二年（1913），在时间上比"国民性"一词的汉字形态早六年。而且，就存续状态而言，在"集成"的四十二种辞典里，除了上述"一词两收"的九种之外，还另有十三种单收"ナショナリティー"（或作ナショナリチー），一种单收"国民性"，前者总数为二十二种，后者总数为十种，这意味着在大正到昭和初期的"新语"辞典中，外来语形态的"ナショナリティー"词条，比汉语形态的"国民性"词条被更早和更多地采用，而收入"国民性"词条的辞典也主要集中在大正年间。参见书后【附表一】。

从表面上看，几乎可以断定"国民性"是日语对译英语 Nationality 一词的"汉语"形态。那么，它与"ナショナリティー"这一音译的"外来语"形态具有怎样的关系呢？后者是它与英语原词之间所存在的中间环节吗？仅看上述列表，回答似乎是肯定的，词汇的衍生顺序似可推定为英语 Nationality→日语外来语ナショナリティー→日语汉语词汇"国民性"。即体现为一个从音译到意译的过程。

另外,『外来語の語源』〔吉沢典男、石綿敏雄著,角川书店,昭和五十四年(1979)初版〕收"ナショナリティー"词条,并将该词的"借入期"确定在"大正"年间①,即1912—1926年间。 按照上述衍生关系,汉语形态则稍晚于前者,但也同样出现在大正年间,就像在一览表中已经看到的那样。

然而,请注意,这只是就对辞典调查而言,所以现在只能判断"国民性"这一词条同"ナショナリティー"一样,最早出现在大正时代的辞典中。 不过,仅此还不能断定它究竟是不是这个时代所创造的词语。

五、"国民性"一词之诞生:《太阳》杂志、 高山樗牛、纲岛梁川、芳贺矢一

看来要解决这个问题,仅靠排查辞书有很大局限。 因为其中显然存在着该词的实际使用与被收入辞典的"时间差"问题——尽管就一般意义而言,辞书总是那个时代实际使用的语言的记录。 最好、最精确的调查办法,当然是能够有一个可供全文检索的囊括明治时代所有文献的数据库。 但在目前还不具

---

① 吉沢典男、石綿敏雄:『外来語の語源』,第400页。

备这一条件的情况下，只能根据已有的资料和线索来推断。

『明治大正新語俗語辞典』（樺島忠夫、飛田良文、米川明彦編，東京堂出版，1984）把"国民性"一词提出的最早用例确定为明治三十九年即公元 1906 年①。 但『日本国語大辞典』较前者将用例的时间提前了 8 年②。

通过目前最新的相关语料库『太陽コーパス』[国立国語研究所編，博文館新社，平成十七年（2005）]查检，可以把"国民性"的使用时间再提早三年，即确定为明治二十八年（1895）。《太阳》杂志 1895 年 2 月 5 日发行的一卷二号续载坪内雄藏（逍遥，1859—1935）的"论说"『戦争と文学（承前）』[战争与文学]使用了"国民性"一词：

　　　しかしながら國民其の者が性の罪にして、文學其のものゝ科にあらざるや勿論なり、以て國民性の涵養の極

---

① 例文：『早稲田文学』彙報(明治三九・一号)一部の社会には国家主義は唯一の真理の如く認められ、国体と<u>国民性</u>とは不易の標準の如く仰がれた［译文：国家主义被社会上一部分人认作唯一之真理，国体和国民性被仰承为不动之标准］。

② 其对"国民性"词条的解释，第一版与第二版完全相同。 例文：如是放语（1898）〈内田魯庵〉「卿等が燃犀（ぜんさい）の眼を以て細に今の社会を観察し所謂我が<u>国民性</u>（コクミンセイ）を発揮するに勉めよや」［译文：卿等当以慧眼仔细观察今日社会，努力发挥所谓我国民性］。 另外，还需补充一点，上记用例中标记的"1898"这一时间，似来自内田魯庵（Uchida Roan 1868—1929）《如是放语》文末所标记"明治三十一年六月"，因此可视为写作时间。 内田魯庵《如是放语》收入《文艺小品》一书，于翌年即明治三十二年（1899）九月由博文馆出版，作者署名"不知庵"（封面）和"内田贡"（版权页）。

めて大切なるを見るべし。

［译文：然则此乃国民其者性之罪，非可怪罪文学自不待言，以是可见国民性之涵养至关重要］

这是笔者此次调查所发现的最早的用例。《太阳》系明治时代的出版重镇东京的博文馆出版的每期二百页的大型综合月刊，明治二十八年（1895）一月创刊，昭和三年（1928）二月停刊，在三十三年零两个月的时间里，包括临时增刊在内，共出三十四卷五百三十一册，纸页合计十七万五千页①，可谓"倾博文馆之全力""令全国读书人哑然"的杂志②。 不过『太阳コーパス』也有明显的"缺欠"，它只提供了 5 年（1895/1901/1907/1917/1925）60 册杂志的数据，所以从中只能获得"抽检"结果，而不能获得"国民性"一词从诞生到使用的衍生形态。 例如 1895 年只有上见 1 例，1901 年 3 例，而在此期间的状况不详。

笔者以"手工"查到的使用"国民性"的两篇文章，刚好同『日本国語大辞典』里的用例一样，都出在明治三十一年（1898），一篇是纲岛梁川（Tsunashima Ryosen, 1873—1907）的『国民性と文学』［国民性与文学］，该文初出『早稻

---

① 该数值根据电子复刻版：近代文学館『太陽』，八木書店。

② 坪谷善四郎：『博文館五十年史』，博文館，昭和十二年（1937），第 94 页。

田文学』"明治三十一年五月三日第七年第八号"①；另一篇文章是高山林次郎（即高山樗牛，Takayama Chogyu，1871—1902）的『ワルト・ポイットマンを論ず』［论沃尔特·惠特曼］，该文初刊明治三十一年六月五日发行的《太阳》杂志四卷十二号②。两篇文章的发表时间接近，两位论者当时探讨的问题也互有联系。就是说，他们几乎同时在各自的文章里使用"国民性"一词并非偶然，这一现象的背后似乎就隐藏着这个词汇诞生的瞬间形态。

高山樗牛是引领明治三十年代的英年早逝的著名评论家，从 1895 年 4 月到 1902 年 11 月，仅在当时最具有影响力的《太阳》杂志上就发表了近 70 篇文章。《论沃尔特·惠特曼》是其中的一篇。他在该文里的用例为：

> 終りに彼はげに一個の亜米利加人として其國民性を最も明晰に、最も忠實に唱へたる詩人なり。
>
> ［译文：最后，作为一个美国人，他是最明晰，最忠实地讴歌其国民性的诗人。］

---

① 即所谓"第一次第三期第八号『早稲田文学』"。此次参阅底本除该期外还有武田清子、吉田久一编『明治文学全集 46・新島襄・植村正久・清沢満之・綱島梁川集』，筑摩書房，1977 年 10 月。
② 此次参阅底本为该期和瀬沼茂樹编『明治文学全集 40・高山樗牛・齋藤野の人・姉崎嘲風・登張竹風集』，筑摩書房，1970 年 7 月。

在高山樗牛同时期的文章里，虽然用例只找到这一个，但仍不妨把他看作是"国民性"一词的催生者之一。正像他评惠特曼时所体现的那样，他是一个主张"日本主义"和文学应该表现"国民性情"的人，不仅以自己的批评躬身实践，还以这一标准来要求文学批评家，即"國民的見地に據りて一國の文藝を批判する[译文：据国民性之见地，批评一国之文艺]"①。他在一系列文章里的用词，不仅在形态上极其接近，而且词义表达上也就是"国民性"的意思。试举下列例子（括号里的数字为同一篇文章中该用法出现的次数）：

道徳の理想を論ず[论道德理想]（〔明治二十八年（1895）〕六月～九月『哲学雑誌』）

國民性情（5）　國民の性情（4）

我邦現今の文藝界に於ける批評家の本務[批评家在我国现今文艺界的根本任务]（〔明治三十年（1897）〕六月五日《太阳》三卷十一号）

國民性情（6）　國民の性質（4）

日本主義を讚す[赞日本主义]〔明治三十年（1897）六月二十日《太阳》三卷十三号〕

---

① 高山林次郎：「我邦現今の文藝界に於ける批評家の本務」，明治三十年五月『太陽』三卷二号。吉田精一、浅井清、稲垣達郎、佐藤勝、和田謹吾編『近代文学評論大系 2・明治期Ⅱ』，角川書店，昭和六十年（1985）三月收录该文。

　　國民的特性(4)　國民の特性(1)　國民的性情(2)
國民の性情(3)

　　國民性情(1)　國民的意識(1)

　　非國民的小説を難ず〔驳难非国民性小说〕〔明治三十
一年(1898)四月五日《太阳》4卷7号〕

　　國民的性情(5)　國民性情(6)

　　翻阅同时期的代表性文学评论,强调所谓"国民的"似并
非始于高山樗牛,但像上面所见到的那样,把"国民"一词与
"性情""性质""特性"或者"意识"相组合并加以反复强调的
却无人居高山樗牛之上。 上述词组表达的意思基本相同,而
且,不论是否有"の"或"的"连接,其最终都有发展为"国民
性"一词的可能。 就是说,把"國民の性情（或特性）""國民
の性質""國民的性情（或特性）""國民性情"这几种形态视为
"国民性"一词在"高山樗牛"那里成熟的胚胎似乎并无大
错。 事实上,正是在这些文章之后,高山樗牛才如上所见,首
次在《论沃尔特·惠特曼》中使用"国民性"一词。

　　然而,高山樗牛本人似乎并没按照自己的观点由上述用词形
态中最终提取出"国民性"一词来。 代替他做这项工作的是其论
敌纲岛梁川,梁川的『国民性と文学』一文正是为反驳高山樗牛的
文学应表现"国民性情"的观点而作。 开篇这样提出问题:

　　　今日の文学、就中小説に対する世間の要求の主なる

ものを挙ぐれは、現社會に密接して時事時潮を描けといふもの其の一にして、國民性を描寫して國民的性情の滿足を與へよといふもの其の二なり。前者は姑く措く、後者の要求に対しては吾人頗る惑ふ。則ち問うて曰く、國民性とは何ぞや、國民的性情の滿足とは何ぞや、そもそも又此の要求に是認せらるべき點ありとせば、そは果して如何程の意味にて是認せらるべきかと。

[译文:世间对今日之文学特别是小说之要求,举其要者,其一为紧密联系现实社会,描写时事时潮;其二为描写国民性,以满足国民的性情。前者可姑且不论,对后者之要求,吾人却颇感困惑。则问曰,何谓国民性?何谓满足国民的性情?若此要求有应是认之点,那么究竟又应在何种意义上予以是认?]

包括标题在内,纲岛梁川在该文中一气用了 48 次"国民性",使用频度之高在同时期的文章中绝无仅有。 这篇文章是针对高山樗牛而写,所谓"描写国民性,以满足国民的性情"正是对高山观点的概括,因此,也就足以成为"国民性"一词诞生时期在文脉上留下的轨迹。 正像上面介绍的,到了高山樗牛在此后的《论沃尔特·惠特曼》中称惠特曼是"最明晰,最忠实地讴歌其国民性的诗人"时,就说明他已经接受了由他的论敌在他此前的表述中所"提炼"的这个词。 联想到『日本国語大辞典』里所举的内田鲁庵文章的例子刚巧也是出现在同一个时期，而且也是论述的同样的问题，就不是偶然的了。 不妨暂时把纲岛梁川假设为继坪内逍遥之后第一个自觉使用"国民性"一词的人。

做此假设还有另外一层因素，即在纲岛梁川之后的 10 年间，把"国民性"一词用于行文中的恐怕不乏其人，但用于文章或书籍标题的尚极为罕见，这不仅意味着纲岛梁川在自觉提炼和运用词语上的先驱性，而且也意味着"国民性"一词在使用上经历了一个普及的过程。 这种情况至少可以通过《太阳》的文章标题获得佐证。 该杂志使用"国民"一词的文章标题，几乎在所有期号中都有，而相关的表述"国民性"意思的词汇是渐次出现的。 参见书后【附表二】。

再进一步将【附表二】的结果做"提取"和"分类"处理，似不难看到从明治后半到整个大正期结束时的 30 年间"国民性"一词的浮现轨迹。 由纵向来看，"国民性"一词在《太阳》杂志的文章标题中首次出现是 1909 年 9 月 1 日发行的第十五卷十二号①，这比纲岛梁川在文章标题里使用该词晚十一年多。由横向来看，可获得三类词组：第一类是"国民的"，第二类是"国民"＋"元气"、"心悬"、"特质"、"气象"、"特性"、"思想"、"性格"、"气质"、"精神"、"性情"、"道德"、"心理"等

① 在文章中出现当然要比在标题中更早，据『太陽コーパス』所做"国民性"抽检结果为：1901 年用例 3 个，1907 年用例 96 个，1917 年用例 27 个，1925 年用例 37 个。 可知《太阳》杂志上出现带"国民性"字样的文章标题是 1907 年用例激增以后的事。

词语组成的词组（是否有"の"忽略不计），第三类即"国民性"。 由此可知，在"国民性"一词普及开来之前，表达相同或近似意思的主要是第一类和第二类词组，而这种情形又和上面所见高山樗牛个人文章里的使用状况大抵一致。 也就是说，由"高山樗牛"到"纲岛梁川"的过程，实际上又在《太阳》杂志上重复了一回，只不过规模更大、时间更长而已。 笔者认为，正是在这一过程中，"国民性"逐渐演变为一个普通的词汇。

事实上，到明治四十年（1907）十二月东京富山房出版芳贺矢一（Haga Yaichi，1867—1927）的《国民性十论》①时，"国民性"一词在日语语境里不仅已使用得相当普遍，而且正如前文所示，"国体和国民性被仰承为不动之标准"了。 如果说坪内逍遥以及稍后的高山樗牛和纲岛梁川文章的直接历史背景是甲午战争，那么芳贺矢一出书的直接背景则是日俄战争，日本在相距十年的这两场战争中获胜，"国家主义"或"国权主义"便因此而高涨起来。 "国民性"由纲岛梁川的篇名变成芳贺矢一的书名，也许就是这一过程的最为"点睛"的注解。《国民性十论》出版后反响强烈，一年多以后《太阳》杂志上出现拿"国民性"做题目的文章，似亦与此不无关系。《国民性十论》的出版对"国民性"一词的普及既是一种推动也是一种

---

① 该书中译本有两种：〔日〕芳贺矢一：《國民性十論》，李冬木、房雪霏譯注，香港：三聯書店，2018 年；〔日〕芳贺矢一：《国民性十论》，李冬木、房雪霏译注，三联书店（北京）2020 年版。

标志，标志着该词在日俄战争之后已被普遍使用，其进入大正时代的辞典只是时间问题。

六、"国民性"问题意识及其翻译：
《明六杂志》与英学辞书

　　面对西方的明治思想界，从一开始便似乎并未只着眼西方的物质文明，同时也注意西方的精神文明，而能把人的精神、意识、思想、气质、性质、风气等作为问题提出并加以深入思考，亦可谓这种观照意识的反映。这一点可以由明六社的机关刊物《明六杂志》看出。该杂志以传播启蒙思想著称。明六社为明治初期著名的思想启蒙团体，由 1873 年从美国回日本的森有礼（Mori Arinori，1847—1889）倡导而成立，主要成员有福泽谕吉（Fukuzawa Yukichi，1834—1901）、西周（Nishi Amane，1829—1897）、加藤弘之（Kato Hiroyuki，1836—1916）、西村茂树（Nishimura Shigeki，1828—1902）、中村正直（Nakamura Masanao，1832—1891）等十多人，皆为当时日本著名学者和文化人，也都是《明六杂志》撰稿人。1873 年为明治六年，故团体和杂志都取名"明六"。

　　杂志从 1873 年 3 月创刊到翌年 1874 年 11 月被迫停刊，共出 43 号，发表文章 150 多篇，其中不少讨论人的"性质""气

风"和"精神"。例如「人民ノ性質ヲ改造スル説」(〔改造
人民之性质说〕中村正直,第三十号)、「国民氣風論」(西
周,第三十一号)、「養精神一説」(阪谷素,第四十号)、
「養精神一説(二)」(阪谷素,第四十一号)等。至于福泽
谕吉则更是阐释"国民性"问题的名人。正像南博所指出的,
福泽谕吉的在「内地旅行西先生ノ説ヲ駁ス」(〔驳西先生之
内地旅行说〕,第二十六号)里"称人民的'气质'就相当于
国民性所表达的内容,也和同年发表的《文明论之概略》中所
使用的'人民的风气'、'人心'一样,都是指国民性"①。由
以上可知,当时表达后来"国民性"意思的有种种词汇。那
么,作为一种"问题意识",这些词汇又是来自哪里?可以考
虑的一个途径是对西文概念的翻译。例如,上面提到的西周
「国民氣風論」一文,标题旁边明确标注西文词汇的发音而呈
「国民氣風論^{ナシオナルケレクトル}」(竖排)之观,以日文片假名标注的所谓"ナ
シオナルケレクトル",即英文 national character 而今译为"国
民性"的这个词。如果说 national character 是一个词组而非一
个词,那么还可以考虑对一个单独词语的翻译,这个词便是
Nationality。

---

① 南博:『日本人論 明治から今日まで』,岩波書店,1994 年,第 15 页。

　　笔者在调查中查阅明治时代的 "英学辞书" 有 29 种①，其中收 "Nationality" 词条并做出解释的辞书有以下 24 种，释义

---

① 二十九种 "英学辞书" 如下：1）慶応三年（1867）　ヘボン（J. C. Hepburn）著『和英語林集成』（横浜、上海・美華書院。飛田良文，李漢燮編『和英語林集成：初版・再版・三版対照総索引』、2000 年）

　2）明治二年（1869）　斯維爾士維廉士著・清衞三畏鑑定・日本柳澤信大校正訓点『英華字彙』（近代日本英学資料 1、東京ゆまに書房、1995 年）

　3）明治四年（1871）　W. ロブシャイト著『漢英字典』（香港。那須雅之監修『近代英華・華英辞書集成』9、東京大空社、1999 年）

　4）明治五年（1872）　ヘボン著『和英語林集成』（第二版、横浜、上海・美華書院。飛田良文，李漢燮編『和英語林集成：初版・再版・三版対照総索引』、2000 年）

　5）明治六年（1873）　柴田昌吉，子安峻編『附音挿圖英和字彙』（横浜日就社。国会図書館）

　6）明治十二年（1879）　ロプシャイト原著・敬宇中村正直校正・津田仙・柳澤信大・大井鎌吉著『英華和譯字典』（山内輓出版二卷。那須雅之監修『近代英華・華英辞書集成』1～6、東京大空社、1998 年）

　7）明治十四年（1881）　井上哲次郎『哲學字彙』（初版、東京大學三学部。飛田良文編『哲學字彙訳語総索引』、東京笠間書院、1979 年）

　8）明治十四年（1881）　永峰秀樹『華英字典』（東京竹雲書屋。国会図書館）

　9）明治十五年（1882）　柴田昌吉，子安峻著『附音挿圖英和字彙』（増補訂正改訂二版、東京日就社。国会図書館）

　10）明治十七年（1884）　羅布存徳原著・井上哲次郎訂『増訂増英華字典』（近代日本英学資料 8、東京ゆまに書房、出版年 1995 年）

　11）明治十七年（1884）　井上哲次郎・有賀長雄増補『改訂増補哲學字彙』（東洋舘書店。国会図書館）

　12）明治十八年（1885）　P. A. Nuttall 原著・棚橋一郎『英和双解字典』（丸善商社書店。近代日本英学資料 2、東京ゆまに書房、1995 年）

　13）明治十八年（1885）　小山篤叙編譯『學校用英和字典』（東京小山篤叙。国会図書館）

　14）明治十九年（1886）　ヘボン著『改正増補　和英英和語林集成』（第 3 版、丸善商社書店。飛田良文，李漢燮編『和英語林集成：初版・再版・三版対照総索引』、2000 年）（转下页）

形态参见书后【附表三】。

（接上页）15）明治十九年（1886） 斎藤恒太郎纂述『和訳英文熟語叢』（攻玉社蔵版、共益社书店；近代日本英学资料3、东京ゆまに书房、1995年）

16）明治十九年（1886） 井波他次郎編訳『新撰英和字典』（金澤雲根堂。国会図書館）

17）明治十九年（1886） 市川義夫編譯，島田三郎校『英和和英字彙大全』（横浜如雲閣。国会図書館）

18）明治二十年（1887） 棚橋一郎，鈴木重陽編『英和字海』（東京文學社。国会図書館）

19）明治二十一年（1888） 島田豊『附音挿圖和譯英字彙』（大倉書店。国会図書館）

20）明治二十一年（1888） 岩貞謙吉編譯『新譯英和字彙』（大阪積善館。国会図書館）

21）明治二十一年（1888） 木村良平編譯『袖珍新選英和字府 』（東京伯樂圃。国会図書館）

22）明治二十二年（1889） 尺振八『明治英和字典』（六合館蔵版。 近代日本英学資料5、ゆまに書房、1995年）

23）明治三十年（1897） 中澤澄男等編『英和字典』（東京大倉書店。国会図書館）

24）明治三十年（1897） W. ロプシャイト著・F. キングセル増訂『新増英華字典』（横浜版。 那須雅之監修〈近代英華・華英辞書集成〉7, 8、東京大空社、1998年）

25）明治三十一年（1898） エフ・ダブリュー・イーストレーキ（Frank Warrington Eastlake）・島田豊編『学生用英和字典』（東京博文館。国会図書館）

26）明治三十二年（1899） W. ロプシャイト著・F. キングセル増訂『新増英華字典』（横浜版。 那須雅之監修〈近代英華・華英辞書集成〉14, 15、東京大空社、1999年）

27）明治三十五年（1903） W. ロプシャイト著・企英譯書館増訂『華英音韻字典集成』（商務印書館。 那須雅之監修〈近代英華・華英辞書集成〉10～13、東京大空社、1999年）

28）明治三十九年（1906） 野間正稠著『中学英和字書』（東京東雲堂。国会図書館）

29）明治四十五年（1911）井上哲次郎・元良勇次郎・中島力造共著『英独佛和哲學字彙』（哲學字彙三版、東京丸善株式会社）

　　由【附表三】可知，在二十九种英学辞书中最早以汉语对应 Nationality 词条的是明治六（1873）年出版的『附音插図英和字彙』。根据森冈健二从"译语"角度对明治时期英和辞书的划分，该辞书及其增订第二版应该是明治"第二期（明治六年～二〇年）"最重要的辞书①。仅以表中所见，其关于Nationality 的对译和解释，即"5）民情、民性、國"和"9）民情。民性。國。國體。國風國二依テ、國ノ為二"对后来的"英和辞书"有着显而易见的影响。但就分类而言，上表中还存在着"英华"系统的辞书，它们与"英日"系统构成怎样的关系，似须略做讨论。

　　明治以前，日本主要通过荷兰语（所谓"兰学"）学习西方，后逐渐由"兰学"转向"英学"。"英和辞书自文化十一年（1814）的《谙厄利亚语林大成》以来，多至无以数计"②。尤其在明治维新以后，英和辞书与翻译实践互动，形成了通过英语学习西方的新的知识体系。但所谓"英和辞书"系统并非一开始就自成一体，而是受到当时已有的"英华字典"的影响。"英学在中国比在日本早起一步，已先有了辞书的编撰和圣经的翻译，日本的英学起步略晚，自然要蒙受这些中国业绩的恩惠"③。因此，专门研究日语近代语汇的学者一般也把对

---

① 森冈健二：『近代語の成立·語彙編』，東京明治書院，1991 年 10 月，第 2—3 页。
② 森冈健二：『近代語の成立·語彙編』，第 2 页。
③ 森冈健二：『近代語の成立·語彙編』，第 55—56 页。

"英和辞书"系统构成影响的"英华字典"看作前者的有机组成部分。 森冈健二列举了十四种"英华字典",其中罗布存德《英華字典》(W. Lobscheid, *English and Chinese Dictionary*. Hongkong, 1866—1869)的影响最大,后来敬宇中村正直校正·津田仙·柳澤信大·大井鎌吉在明治十二年(1879)翻译的『英華和訳字典』(即表中的"6")和井上哲次郎于明治十六、十七年(1883、1884)增订的『增訂英華字典』(即表中的"10")均以罗布存德的《英华字典》为底本。 这样,在去查找有关词语的时候,"英华"和"英和"辞书便构成一个可以互为参照的系统。

仅以 Nation、National、Nationality 这三个相关词的条目为例,它们在罗布存德《英华字典》中形态为:

Nation,n. 民,国,邦,邦 国;all nations,萬 民,萬 邦,萬国.

National,a. 国 的,国;national affairs,国 事;national character,国人之性情;

national seal,国 印,国 璽;public,公;the national flag,国旗.

Nationality,n. 国之性情,好本国者. ①

---

① 笔者所见非 1866—1869 年香港原版,而是上记二十九种辞书中的"6)",即明治十二年(1879)出版的"敬宇中村正直校正"本『英華和訳字典』。

如果去掉那些无关项，来看由中村正直校正的日译本『英華和譯字典』对前者的翻译，将会获得一些有趣的发现。

英华字典	中村正直校正『英華和譯字典』
Nation, n. 民, 国, 邦, 邦国 →	タミ tami, クニ, kuni, ジンミン jin-min, コクミン, koku-min
National, a. 国的, 国 →	クニノ, kuni no; ジンミンノ, jin-min no
national character, 国人之性情 →	ジンミンノセイシツ, jin-min no sei-shitsu
Nationality, n. 国之性情, 好本国者 →	コクフウ, koku-fu, ミンプウ, minpu, ジンミンノセイシツ, jin-minn no sei-shitsu

请看右边的日译部分。其中的片假名是日语释义，后面的罗马字标注片假名的发音，倘若将日语释义部分直接转换为汉字，那么便会依次呈现出以下情形：

Nation, n. 民, 国, 邦, 邦国　　　　→　　"民, 国, 人民, 国民"

National, a. 国的, 国　　　　　　　→　　"国的, 人民的"

national character, 国人之性情　　→　　"人民之性质"

Nationality, n. 国之性情, 好本国者 →　　"国风, 民风, 人民之性质"

显而易见，在"Nation"词条内，日译版保留了原典中的"民，国"，去掉了与"国"字字义相同的"邦，邦国"，代之以新增的"ジンミン jin-min，コクミン，koku-min"即"人民，国民"这两个词。也就是说，"人民，国民"这两个词是对原辞书创造性翻译的产物——尽管标示它们的还不是汉字，而是日语片假名。

不仅如此，接下来的对"National, a. 国的，国"的派生词组——"national character, 国人之性情"和对"Nationality, n. 国之性情，好本国者"的翻译，更是使用了与原典不同的"汉语"，即分别译成"人民之性质"和"国风，民风，人民之性质"。这会令人想到上面提到的中村正直发表在《明六杂志》第三十号上的文章，他在做「人民ノ性質ヲ改造スル説」（"改造人民之性质说"）时，脑海里恐怕一定会浮现出 Nationality 或 national character 这类词吧。如果说现在日语辞典中一般以"国民性（こくみんせい）"一词来对应 nationality 或 the national character 的话，那么，『英華和訳字典』中所做的日语释义"ジンミンノセイシツ，jin-min no sei-shitsu"即"人民之性质"便可视为"国民性"一词 1879 年在日语中的一种使用形态。

总之，明治时代的英和辞书在翻译 Nationality（或 national character）概念的过程中产生了相当丰富的对译词语，仅归纳【附表三】便可获得 16 个，它们依次是：

國風、民風、人民之性質、民情、民性、國、國体、民生、

愛國、人民、人種、本國、國粹、國民主義、建國、國籍

　　这和从罗布存德《英华字典》到【附表三】"26"『新增英華字典』关于该词条的无变化恰好形成鲜明对照。 就是说，"英华"系统的辞书几十年间除了"国之性情，好本国者"之外，并没为对译 Nationality 创造新词汇，直至 1903 年的『華英音韻字典集成』（【附表三】"27"）将该词译成"国风、民情"——不过这显然已是反过来受了英和辞书的影响了。 应该说，日语所体现的丰富对译，显然与自明治初期以来的明确的"国民性"意识有关，而汉译的贫乏亦与对此问题认识的滞后密切相关。 对于二十世纪初的中国人来说，"国民性"还是一种崭新的知识，代表着当时的"现代意识"。

七、 关于"国民性"的构词问题

　　上面由英和辞书中归纳出来的十六个词语，虽然与"国民性"构成词义上的关联，甚至不妨看作"国民性"诞生之前的汉语形态，但毕竟还不是"国民性"一词本身。 正像本章第二节指出的，"国民性"词语形态亦不见于明治时代的英学辞书。这就产生了一个问题："国民性"与上述那些词语是否具有结构或形态上的关联?

　　从构造上来讲，"国民性"属于典型的近代"和制汉语"中

所常见的"～+性"的组词结构，因此应该是"国民"+
"性"。 笔者也是根据这一结构着手调查的。 例如先查"国
民"及其相关概念"民""臣民""人民""民人""国人""邦
人"等①，然后再去查"性"及其相关概念"性质""特性""气
质""人心""气风""风气""精神""品性"等，最后再由前后
两类的组合中来看"国民"+"性"的生产过程。 但如上所
见，英和辞书中的对译主要不是词组而是词，倘若以"国
民"+"性"这种结构来看那些对译词语，那么在构造上只有
一个词比较接近，那就是"民性"。 换句话说，在"国民"+
"性"的形态之前，实际是存在着"民"+"性"这一形态的。
『日本国語大辞典』"民性"词条如下：

> みんせい【民性】〔名〕人民の性質や性格。※真善美日
> 本人〈三宅雪嶺〉日本人の能力「民性の発揚を図る者」※礼
> 記―王制「司徒脩六礼，以節民性」。

可知"民性"为古词，到明治时代专因翻译 Nationality 而
新用。 第二节提到的『明治期漢語辞書大系』所收明治年间出
版的一百四十种"汉语辞书"中并无"民性"一词，但该词却

---

① 参阅大原康男「翻訳語からみた〈国体〉の意味—〈国体〉の多義性に関する
一考察として—」，国学院大学『日本文化研究所概要』第四十七輯，昭和五
十六年（1981）版；京極興一「〈人民〉〈国民〉〈臣民〉の消長」，松村明先
生喜寿記念会編集『国語研究』，明治書院，平成五年（1993）。

Nation, *n.*	人民（哲）國`國民
National, *a.*	國ノ。國民ノ。民間ノ。
Nationality, *n.*	一般ノ 國`民性。國風。（哲）民
	情國休
Nationalization, *n.*	（哲）建國
Nationally, *adv.*	國ノ爲メニ`國風ニ依 リテ

大量出现在"英和辞书"里便足以反证这一点。顺附一句，"汉语辞书"中常见"民情"一词，被解释为"民心"（タミノココロ）或"庶民之心"（下々ノココロモチ）等。因此，即使"民情"和"民性"同被用来对译 Nationality，"民性"也当是在对译中产生的一个更新了的汉语词汇。

从这个意义上来讲，笔者认为在"国民"＋"性"这一结构成立之前，似应把"民性"的要素考虑进来，而成"国民"＋"民性"的重叠形态：

国	民

民	性

还有一个有趣的例子。 明治十九年（1886）出版的『新撰英和字典』（井波他次郎编訳），即上表"16）"在印刷上所呈之观，也几乎"以假乱真"，竟使笔者一时觉得在明治时代的辞书里莫非存在着"国民性"这个词。"立此存照"，请见附图Nationality 词条。 如果去掉"國"与"民性"之间的"."，就是"国民性"了。 那么，"国"＋"民性"这种结构的可能性会是零吗？

第三章

『国民性』一词在清末民初中国的使用

如前所述，进入到 20 世纪的第一个十年，"国民性"一词虽然尚未被正式收进日本的辞书，但在日语的语境里已经是一个相对成熟和稳定的概念。那么，在这种背景下，它是怎样进入汉语中的呢？——这是个复杂的问题，在此只按本书的思路归纳要点如下。

一、鲁迅之外：梁启超、严复、章太炎、《新尔雅》

在中国提到"国民性"问题，除了鲁迅，人们还会想到鲁迅之前的梁启超。梁启超无疑是中国把"民"或"国民"作为问题提出并对所谓"国民性"问题大加阐发的第一人，因此人们总是自觉不自觉地把"国民性"一词的使用首先与梁启超联系在一起。但这里有两点需要注意：第一，问题离不开梁启超与日本的关系，梁的"国民"思想显然来自日本。 正如狭间直树指出的，"'国民'的用法在《时务报》时期的《变法通议》中只出现过一次，而在到日本后经常使用"①。 第二，"国民性"作为一种问题意识和作为一个词语的使用并不同步。 正如上面所见，"Nationality"或"National character"作为概念早在明治初期就为日本的启蒙者所接受并且开始作为问题思考，但作为一个词语，"国民性"在明治三十年代才开始使用，而直至明治时代结束仍没被收进辞书。 同理，梁启超的"国民性"问题意识与他对这个词语的使用似乎并不构成直接关联。 具体地说，梁启超似乎并没在他阐释"国民国家"思想最鼎盛的时期使用"国民性"这个词。

在笔者调查范围内，梁启超第一次使用"国民"一词是一八九六年，《学校总论》云："夫人才者，国民之本。 学校者人才之本，兴学所以安国而长民也。"②此后，"国民"在他那里逐渐成为一个普通词。 但除了不太多见的"岂非……拂国民之性而逆大局之势乎"（《论变法必自平满汉之界始》）、"吾国民之性质"（《新民说第四节》）、"吾观我祖国民性之缺点"（同

① 狭间直树：《〈新民说〉略论》，《梁启超·明治日本·西方——日本京都大学人文科学研究所共同研究报告》，社会科学文献出版社 2001 年版，第 71 页。日文版：『共同研究 梁启超——西洋近代思想受容と明治日本』，みすず書房，1999 年。
② 梁启超：《论学校二·变法通议三之二·科举》，中华书局编《中国近代期刊汇刊·强学报·时务报 1》，《时务报》第七册，光绪二十二年九月初一日，第 418 页。 中华书局编《饮冰室合集·文集之一》，第 25 页。

第十五节）的用法外，在 1911 年以前似并无"国民性"独立用
例。其实，作为"同义词"，梁使用最多的是"民气"。这个
词大量出现在他最活跃时期的主要文章里①，也许是这个缘
故，"民气"的话语一直影响到 20 世纪 30 年代，以致鲁迅在
《非攻》里造了个"曹公子"来挖苦，让他对众人大叫道："我
们给他们看看宋国的民气！我们都去死！"②此外，梁在使用
"国民性"前后还并用过"国风""国性"的概念③。梁启超使
用"国民性"一词最早似见于《中国前途之希望与国民责任》，
该文作于 1911 年，发表在同年 3—5 月《国风报》第五、七、十
期，以明确独立的"国民性"词语形式使用该词不下 30 多
处④。1914 年"欧洲大战"爆发后，梁作《丽韩十家文钞
序》，就"国民性"给出明确定义："国民性何物？一国之人，

---

① 例如，1896 年：《波兰灭亡记》《论中国积弱由于防弊》《变法通议（一）》；
　　1897 年：《变法通议（二）》《致伍秩庸星使书》；1898 年：《清议报叙例》；
　　1899 年：《论中国与欧洲国体异同》《论支那独立之实力与日本东方政策》；
　　1900 年：《论今日各国待中国之善法》；1901 年：《灭国新法论》《难乎为民上
　　者(自由书)》《清议报一百册祝辞并论报馆之责任及本馆之经历》《中国积弱溯
　　源论》《中国四十年来大事记》；1902 年：《新民说》（至 1906 年）《近世第一女
　　杰罗兰夫人传》《匈加利爱国者噶苏士传》《论教育当定宗旨》《新史学》《新罗
　　马传奇》《新中国未来记》《意大利建国三杰传》；1903 年：《新英国巨人克林威
　　尔传》；1905 年：《俄京聚众事件与上海聚众事件》《德育鉴》《祖国大航海家郑
　　和传》《代五大臣考察宪政报告》；1906 年：《申论种族革命与政治革命之得
　　失》；等等。
② 鲁迅：《故事新编·非攻》，《鲁迅全集》第 2 卷，第 471 页。
③ 参见 1910 年《〈国风报〉叙例》（《饮冰室合集·文集之二十五·上》）、《说
　　国风》（《饮冰室合集·文集之二十五·下》）；1912 年《国性篇》（《饮冰室合
　　集·文集之二十九》）。
④ 参见《饮冰室合集·文集之二十六》。

千数百年来受诸其祖若宗，而因以自觉其卓然别成一合同而化之团体以示异于他国民者是已。"①梁此后才开始多用"国民性"，但皆为1918年以后的文字了②。由此可以断定，汉语中"国民性"一词非自梁启超始。

再看看严复的情况。作为"国民性"的同义词，严复除了一例"国民性习"③和两例"国民精神"外④，一般多使用"民性"或"民气"，前者不见于梁启超，但在上面所见的英和辞书中却是一般用法之一，后者则与梁启超多用"民气"相一致（实际用例略）。严复还有一点与梁启超相似，那就是使用"国民性"一词较晚，到1914年的《建议提倡国民性案原文》（《宗圣汇志》一卷十期）才开始使用，就时间而言晚于梁启超。而此时不论在中国还是在日本，"国民性"已成了一个普通词。

还有一个大家是章太炎。未及全面调查，不好妄下结论，

① 梁启超：《丽韩十家文钞序》，《饮冰室合集·文集之三十二》，第35页。
② 如《纪夏殷王业》《春秋载记》《欧游心影录》《佛典之翻译》《历史上中华国民事业之成败及今后革进之机运》《墨子学案》《清代学术概论》《教育与政治》《敬业与乐业》《复刘勉己书论对俄问题》《佛陀时代及原始佛教教理纲要》《墨子学案》《国产之保护及奖励》等。
③ 《群学肄言》，1898年至1902年译，上海文明编译书局1903年出版。"特所欲为国人正告者，当知群之衰盛，视国民性习之何如"。此据福建教育出版社2014年版《严复全集》卷三，第226页。
④ 《法意》，1903年至1908年译，商务印书馆，1904年至1909年出版。此据福建教育出版社2014年版《严复全集》卷四，《法意》第八卷第十一章："复案：……虽然，是于觇国则然，见国民精神之至重耳，非曰创业垂统可以是自宽，抑明知其弊而不除不救也"（第136页）；"第十九卷 论关于国民精神、行谊、风俗之法典"（第319页）。

但至少在《民报》（1905 年 12 月—1908 年 10 月，共出 26 期）里未发现"国民性"一词的用例①。

由此似乎可以得出一个结论：清末民初最具影响力的梁启超、严复和章太炎均非"国民性"一词的在中国的传播者。

究竟是谁在何时使用了"国民性"一词？有两项研究成果值得参考。一是羽白就"清末国民性问题的讨论"所做的研究。该研究把梁启勋《国民心理学与教育之关系》推定为"极可能是中国近代史上第一篇使用了'国民性'一词并且为之下定义的著述"②。梁启勋为梁启超胞弟，该文发表在 1903 年 2 月 11 日发行的《新民丛报》第二十五号。笔者据《新民丛报》影印本③确认内容如下：

确然有所谓公共之心理特性者，存取族中各人之心理特征而综合之，即所谓国民性也。即一民族之平均模型也。（该号第 53 页）

夫统属个人而指挥其行为者，凡有三事，一曰祖先之影响，二曰直接两亲之影响，三曰周围境遇之影响，以此三者，

---

① 小野川秀美：『〈民报〉索引』上、下册，京都大学人文科学研究所 1970 年、1972 年。从中未检索到"国民性"一词。
② 参见羽白《清末国民性问题的讨论》，载《鲁迅研究月刊》1987 年第 8 期；《就鲁迅"国民性"思想致函林非先生——读〈鲁迅对"国民性"问题的理论探讨〉》，载《鲁迅研究月刊》1991 年第 1 期。
③ 笔者所据版本：《中国近代期刊汇刊第二辑·梁启超主编新民丛报》，中华书局 2008 年版。

而国民性乃成。(该号第 54 页)

笔者认为,从调查词源的意义上讲,羽白的这一发现恐怕是 1981 年"鲁迅改造国民性思想学术讨论会"以来相关讨论的最富有实际意义的成果之一。 不过,也存在着明显的缺点,那就是把国民性问题的讨论仅仅限制在"清末思想界",而未涉及(或注意到)这个思想界与周边尤其是与日本思想界在话语上的直接联系。 例如,梁启勋在开篇"著者识"里讲得很明白,"本篇据英人的尔西 Dilthey 译法儒李般 Le bon 氏所著国民心理学 *The Psychology of People* 为蓝本"(该号第 49 页),也就是说,该文及其"国民性"一语的定义均非他原创。 在这个意义上,沈国威对东京都立中央图书馆"实滕文库"藏本《新尔雅》所作的研究便更具语汇传播学上的意义。《新尔雅》"是留日中国学生编纂出版的中国第一本解释西方人文和自然科学新概念的用语集。 原书 22.5 cm×15.5 cm, 176 页,竖排版,铅字印刷。 扉页有'元和汪荣宝/仁和叶澜/编纂/新尔雅/上海明权社发行'、版权页有'光绪二十九年六月 日印刷/光绪二十九年七月 日发行'的字样"[1]。 其"第四篇 释群理"下的"释人群之成立"项里有如下解释:

---

[1] 沈国威:『〈新爾雅〉とその語彙 研究・索引・影印本付』,白帝社,1995年,第 1 页。

> 各群所固有诸性质。谓之群性。群变为国。则群性亦
> 变为国性。或曰国粹。或曰国民性。（标点和重点号皆照
> 影印版原样）①

　　光绪二十九年为公元 1903 年。 这意味着"国民性"一词
被正式载入用语集（也可以说是某种意义上的辞书）和梁启勋
在文章里的使用是在同一年。 在还没有找到更早的用例之前，
不妨把 1903 年定为"国民性"一词进入中文文献的元年。 所
谓"进入"是就该词的传播而言。 沈国威的研究提供了这方面
的重要启示。 首先，作为近代语汇的背景，明治日本"经过 30
余年的努力，在 1903 年的当时，以新汉语和汉译语为代表的近
代语汇已呈完成之观"②。 其次，编纂者汪荣宝、叶澜都是
"到日本之前来，就已对西方学问具有相当知识"③的留学生，
"《新尔雅》也和其他中国留日学生的译书、杂志等出版物一
样，是在日本完成写作和印刷之后，再通过国内书店销售
的"④；而且，从对语汇的考察结果来看，"几乎可断定"该用
语集的语汇是"日本书的翻译或翻案"（虽然现在还无法特定出
自哪一底本）⑤。 这虽然是就《新尔雅》语汇整体而言，但
"国民性"一词的传播就包含在这条大的"路径"当中，也就

---

① 沈国威：『〈新爾雅〉とその語彙　研究・索引・影印本付』，第 211 页。
② 沈国威：『〈新爾雅〉とその語彙　研究・索引・影印本付』，第 2 页。
③ 沈国威：『〈新爾雅〉とその語彙　研究・索引・影印本付』，第 5 页。
④ 沈国威：『〈新爾雅〉とその語彙　研究・索引・影印本付』，第 1 页。
⑤ 沈国威：『〈新爾雅〉とその語彙　研究・索引・影印本付』，第 2 页。

是说,比起梁启超、严复、章太炎等那些大家来,当时的留日学生很可能是这一词汇的更为积极的使用者从而也是传播者。鲁迅(当时还叫周树人)亦为其中之一,前面介绍过,其1907年所作《摩罗诗力说》中便有"裴伦大愤,极诋彼国民性之陋劣"和"或谓国民性之不同"的用法。从这个意义而言,在当时的留学生杂志中或许还会找到更多的"国民性"用例也未可知。

二、 作为"国民性"同义词的"国粹"

从上面对"国民性"的解释来看,《新尔雅》编纂者是将"国性、国粹、国民性"作为同义词看待的。"国性"一词较为少见,《康熙字典》《明治期漢語辭書大系》以及上面所见明治时期英和辞书均无该词,疑为造语;民国之后,除了梁启超在《国性篇》(1912),严复在《思古谈》(1913)、《读经当积极提倡》(1913)、《导扬中华民国立国精神议》(1914)①等文中正式使用外,至今几乎不传。

问题是"国粹"。在《新尔雅》中虽作为同义词与"国民性"同时出现,但笔者以为,这个词应略早于"国民性"进入

①严复各篇,参见《严复全集》卷七。

中文。"国粹"也是明治时代的新词，前出『明治のことば辞典』取该词的最早用例是北村透谷作于明治二十二年（1889）的文章，沈国威在做"国粹"语志时沿袭了这一看法①，不过，以笔者的阅读所见，该词的用例还要早些，至少在明治二十一年（1888）年就已经有了。 例如，志贺重昂在他为《日本人》杂志第二号撰写的社论中，不仅提出"国粹"的概念，而且还明示这一概念译自英语 Nationality②。 明治三十年（1897）中泽澄男等编『英和字典』（東京大倉書店。 国会図書館）作为译语收入该词并与其他对译词语排列在一起：

Nationality① 愛國；② 民情，國風；③ 人民，人種，④ 本國；國体；國粹。

『広辞苑』（第五版，岩波書店，1998 年）「国粋こくすい　その国家・国民に固有の、精神上・物質上の長所や美点」［译文：其国家、国民固有的精神上和物质上的长处或优点］，可代表现在一般的解释。

《日本人》由志贺重昂（Shiga Shigetaka, 1863—1927）、三宅雪岭（Miyake Setsurei, 1860—1945）、杉浦重刚（Sugiura Shigetake, 1885—1924）等政教社成员创办，与陆羯南（Kuga Katsunan, 1857—1907）等翌年由《东京电报》（明治二十一年

---

① 沈国威：『近代日中語彙交流史』，笠間書院，1994 年，第 298 页。
② 「『日本人』が懐抱する処の旨義を告白す」，『日本人』第二号社説，明治二十一年(1888)四月十八日。 原文「大和民族をして瞑々隠約の間に一種特殊なる国粋（Nationality）を釧成発達せしめたる」。 此据『日本人』复刻版第一卷。

[1888]四月九日创刊）改名为《日本》（明治二十二年
[1889]二月十一日）的报纸一道，因鼓吹保存"国粹"
（kokusui）而有名，从第二号起发行量就跃升至一万二千二百
一十二部①，仅半年便被当时媒体报道为"在杂志中有数一数
二之评"②的杂志，从而成为明治中期以后的重要杂志之一。
在中国，正如沈国威所指出的那样，这个词因"保存国粹"的
主张而得以广为人知③。 不过，有一点需要指出，《日本人》
和《日本》所主张的"保存国粹"，即所谓国粹主义，虽然是
对过度欧化主义倾向的反弹，但也并不是为本国护短的保守主
义，具有一种鲜明的取长补短，从而发展自身的面对西方文明
的主体性态度。 例如志贺重昂"告白"保存国粹的"旨义"
道："并非彻头彻尾保存日本固有之旧分子，维持旧元素，而
只欲输入泰西之开化，以日本国粹之胃器官咀嚼之，消化之，
使之同化于日本之身体者也"④。 而三宅雪岭也强调："余辈
倡导国粹论，发扬日本特有之元气，振兴日本固有之秀质，以
维持国家之独立开达，其理由自明，同时亦在于警戒所谓欧洲
主义人士，徒见他国之美，而忘自家之国，自家之身，以力挽

---

① 「新聞・雑誌の発行数」，『官報』，明治二十二年（1889）二月十四日。 此
　据『明治ニュース』（明治ニュース編集委員会編，毎日コミュニケーション
　ズ，1984年）第Ⅳ卷第312页。
② 「発刊以来盛業・祝宴を開く」，『東京日日新聞』，明治二十二年（1889）一
　月九日。 此据『明治ニュース』第Ⅳ卷第588页。
③ 沈国威：『近代日中語彙交流史』，第299页。
④ 前出「『日本人』が懷抱する処の旨義を告白す」。

今日既以已盛行之流弊"①。 因此，明治二十年代初开始的以『日本人』和『日本』为中心展开的所谓"国粹主义"，不仅不同于后来高山樗牛等人的"日本主义"乃至更加走向极端的"国家主义"，而且也与作为文化之反动而出现的中国的"保存国粹"尤其是"五四"前后话语中的"国粹"有着性质上的区别。换言之，"国粹"这个诞生在明治日本的新词进入中文之后，在语感甚至是意思上发生了不小的扭曲和改变。

不过，至少在《新尔雅》中，基本还是按照原义来把握的。 例如，"以发挥本国固有特性者。 谓之国粹主义"（"释人群之理想"，前出沈国威影印本第 213 页）。 而在此之前，梁启超已开始使用"国粹"，如 1901 年《南海康先生传》："其于中国思想界也，谆谆以保存国粹为言"②；《中国史叙论》："以中国民族固守国粹之性质，欲强使改用耶稣纪年，终属空言耳"③等。 虽有语义上的微妙变化，但"国粹"一词仍具有非常明显的"日本"背景。 例如 1902 年梁启超致信康有为解释他为何反对康有为"保教"（即所谓"保存国粹"）主张时说："即如日本当明治初元，亦以破坏为事，至近年然后保存起。国粹说在今日固大善，然使二十年前而昌之，则民智终不可得

---

① 三宅雪嶺：「余輩国粹主義を唱道する豊偶然ならんや」，『日本人』第二十五号，明治二十二年（1889）五月十八日。
② 参见《中国近代期刊汇刊·清议报六》，中华书局 2008 年版，第 6341 页。《饮冰室合集·文集之六》，该文第 88 页。
③ 《饮冰室合集·文集之六》，该文第 8 页。

开而已。"①这"国粹说"显然是指上面提到的以《日本人》杂志为核心的"国粹主义"。 又，黄公度同年八月在致梁的关于"国粹"的信里，谈的也是同一件事："公谓养成国民，当以保国粹为主义，取旧学磨洗而光大之。 至哉斯言，恃此足以立国矣。 虽然，持中国与日本校，规模稍有不同。 日本无日本学，中古之慕隋、唐，举国趋而东，近世之拜欧、美，举国又趋而西。 当其东奔西逐，神影并驰，如醉如梦，及立足稍稳，乃自觉己身在亡何有之乡，于是乎国粹之说起。 若中国旧习，病在尊大，病在固蔽，非病在不能保守也。"②或许，正是由于有黄遵宪指出的中国国情的区别，才导致了"国粹"之语义在汉语里发生变化。 此外，在同时期的严复和《民报》里也有很多"国粹"的用例。

总之，"国粹"与"国民性"是日语在不同时期对Nationality的翻译，它们以同样的先后顺序进入中国后还并行了很长一段时期，并分化为两个彼此不同的词语。

三、"国民性"一词调查之小结

在中国提到"国民性"问题，除了鲁迅，人们还会想到他

---

① 丁文江、赵丰田：《梁启超年谱长编》，上海人民出版社 1983 年版，第 279 页。
② 丁文江、赵丰田：《梁启超年谱长编》，第 292 页。

的师辈梁启超、严复和章太炎。 他们都无疑是把"民"或"国民"作为问题提出并对所谓"国民性"问题大加阐发者。 然而,他们都并非"国民性"一词的最早使用者。 梁启超首次使用"国民"一词是 1896 年,首次使用"国民性"一词是 1911年,在此期间他使用更多的是"民气"这个词。 同一时期的严复也多用"民气",直到 1914 年才第一次使用"国民性"。 至于章太炎,虽然不好彻底下断语,但至少在《民报》里未发现"国民性"一词的用例。①

　　"国民性"在日语中作为一个词语的出现,远远滞后于这个词语所表达的意识(概念),是日语对英语 Nationality(或National character)长期翻译(消化吸收)的结果——这种翻译直到大正时期,即 20 世纪 10 年代以后该词被正式收入各种"现代"辞典仍未结束,并且为现在留下了汉语和外来语两种形态,即"国民性"和"ナショナリティ"。 本书确认该词在日语中的最早使用是时间为甲午战争后的 1895 年,并把从中日甲午战争到日俄战争之后的十几年间看作该词的滥觞和普及期,其标志分别是《国民性与文学》(1898)和《国民性十论》(1907)。 战争进一步强化了明治以来的"国家""国粹""国权""民族"即所谓 nationalism 意识,从而催生了"国民性"一词。 反过来说,后来人们以"国民性"这个词所描述

---

① 最近又补查了《章太炎全集》,最终没有发现"国民性"使用情况,2021 年 8 月
　 25 日补记。 所据版本: 沈延国、汤志钧点校《章太炎全集》(全八卷),上海
　 人民出版社 2014 年版。

的明治以来的"国民性思想",有相当长的一段时间其实都并不是以"国民性"这个词而是以其他方式来表述的。 从形态而言,其可分为两类:一类是行文中大量使用的描述性词组,就像在《明六杂志》或高山樗牛等人的文章里所看到的那样;另一类是单词,就像在英学辞书中所看到的那样。 这意味着"国民性"一词在诞生和被人们广泛使用以前,曾有过丰富的表达该词词义的词语形态。 这里要强调的是,"国民性"一词的定型,意味着对此前词语形态的整合,但不能作为"诞生思想"或"把握思想"的标志。

在这个前提下,清末以来中国关于"国民性"问题的讨论和该词语的使用也就容易理解和整理了。 如上所述,20 世纪的第一个十年,正是"国民性"这个词所代表的话语在日语中急剧膨胀的时期,思想鲜活的留日学生成为将该词积极带入汉语的传播者。 然而,使用"国民性"一词与否并不完全等同是否具有"国民性"问题意识。 梁启超和严复等人使用该词的时间不仅晚于《新尔雅》,也晚于鲁迅,但不能因此说他们在对这个问题的认识上滞后于后者。 事实上他们都是更早的先觉者,只是不用"国民性"这个词而用别的词罢了。 对外来词汇的不同择取倾向也是值得探讨的现象。 现在已知,他们在使用"国民性"以前更愿意使用带有古典意味的词语,诸如"民风""国粹""民性""国风"等。 而这些词语不论在《新尔雅》还是在鲁迅当中都与"国民性"一词的使用并行不悖。 这就是说,新一代学子在受上一代启蒙的同时或者之后，已开始通过留学获取新知，用鲁迅的话说，就是"别求新声于异邦"①。这"别求"并不意味着对先行者的否定与抛弃，而是意味着后者在"世界识见"方面比他们的先辈更加"广博"②，在冲破古典言语的桎梏方面走得更远。汉语就是在近代以来这容纳百川、博采外来词汇的过程中进化为"现代汉语"。

至于"国粹"或"国民性"在日语中关于本国多肯定倾向（至少也是中性）而在汉语中多否定或批判倾向的问题，与近代以来日本的崛起和中国的衰败这个大背景有关。"崛起"的标志是日清、日俄两场战争，而同一时期也正是中国被瓜分的危机最为严峻的时期，所以同是在讲"国民性"，强者胜者的"国民性"语义自然与弱者败者的有很大不同。事实上，在明治时代日本论者所做的国民性讨论中有多少语涉"支那国民性"，这种议论与日本的国民性讨论有怎样的关系，对中国的国民性问题讨论又产生怎样的影响等问题，也一直是笔者关注的课题，打算另找机会予以探讨。

最后，话题还要再次回到汉语中的"国民性"上来。这个在清末民初经有识之士前赴后继地努力导入的词汇，1949年以后实际上遭到了人为扼杀，详细内容请参阅本书第一章中的内容。"国民性"话语权的恢复，是20世纪80年代。但至今在

---

① 鲁迅：《摩罗诗力说》，《鲁迅全集》第1卷，第68页。
② 鲁迅：《摩罗诗力说》，第67页。

几乎所有能为"国民"所看到的辞典中还都找不到这个词。 这不仅是一个词的中断，也意味着在"近代"与"现在"存在着意识断层。 隔断不意味着对近代的超越。 如果说20世纪80年代曾有过一次"拨乱反正"，那么笔者愿将本书看作自那时以来所提问题的一次承接。

下面将以留学时期的周树人，也就是后来的鲁迅为例，来看一下"国民性"话语是如何建构的，当初实践层面的情形又是怎样的。

这里有一点需要申明，正如读者所知，鲁迅本名周树人，"鲁迅"是周树人1918年（37岁）时在《新青年》四卷五号上发表《狂人日记》时所首次使用的笔名，今天作为通识的"鲁迅"便由此而诞生，不过在本书接下来的叙述中，"周树人"与"鲁迅"有着不同的内涵界定，故区分使用。"周树人"是处于历史现场中的存在，那时还是刚刚赴日留学的留学生，还正在建构自己的精神世界和话语，其"羽化"为后来成为大家的"鲁迅"还有很长一段曲折的道路要走。 本书通过"周树人"视角所呈现的是历史现场中"国民性"话语建构实践的原初形态，虽然也是此后"鲁迅"精神建构的一部分，但在彼时却并不等同于"鲁迅"，因为"鲁迅"还没有诞生。 同理，"鲁迅"用于"鲁迅"诞生之后相关内容的表述。

第四章

关于『国民性』话语的建构

一、 鲁迅何以关键？ ——许寿裳的贡献

我们在第一章里说过，在传承"国民性"话语的意义上，鲁迅至今仍是一个"现役"作家。 那么，鲁迅为什么会成为"国民性"话语建构和传承的关键人物呢？ 这当然首先是由鲁迅的思想深度和他的文学成就所决定的，但是作为鲁迅国民性意识的最早阐释者和话语延续契机创造者，许寿裳（1883—1948）贡献巨大，功不可没。

众所周知，在鲁迅与"国民性"关联的话语中，最著名的是他在《呐喊·自序》（1922）、《俄文译本〈阿Q正传〉序及著者自叙传略》（1925）和《藤野先生》（1926）里关于自己因何"弃医从文"的自述。 他在仙台医专解剖学的教室里，通过幻灯片，看到了在日俄战争中给俄国人做侦探的中国人被日军抓去处

刑示众，而赶来围观的又同样是一群中国人。 同胞的麻木令他感到震惊，于是，"我的意见却变化了"①，与其通过医学拯救肉体，"我们的第一要务，是在改变他们的精神，而善于改变精神的是，我那时以为当然要推文艺，于是想提倡文艺运动了"②。 ——这便是众所周知的鲁迅"弃医从文"的动机。 由于鲁迅此后的文笔生涯多与"改变精神"相关，故人们后来就把鲁迅的"国民性思想"冠以"改造"二字，即以"改造国民性"来概括。 而把"国民性"问题作为鲁迅"文艺运动"之根本原点并作出最强有力阐释的是许寿裳。 他与鲁迅是同乡，也是留日时期的同窗，在教育部工作时期的同事，亦是鲁迅密切交往到最后的终生挚友，他在鲁迅逝世后所写下的有关鲁迅的文章，被鲁迅研究史家称为"中国鲁迅学史上一部经典性的鲁迅回忆录"③，是中外鲁迅研究者所公认的必读文献。 而且，"即使在经过了半个世纪的今天，鲁迅研究的必读文献数量有增，但许寿裳文章所具有的第一等价值却没有改变"④。

在探讨和研究鲁迅思想，特别是鲁迅的"国民性"思想时，许寿裳在回忆中提到的他和鲁迅在日本东京弘文学院留学期间关于中国"国民性"问题所进行的讨论，几乎是所有论文和专著的必引文献。 在 20 世纪 70 年代末和 80 年代初开始的

---

① 鲁迅：《朝花夕拾·藤野先生》，《鲁迅全集》第 2 卷，第 317 页。
② 鲁迅：《呐喊·自序》，《鲁迅全集》第 1 卷，第 439 页。
③ 张梦阳：《中国鲁迅学通史》上卷，广东教育出版社 2002 年版，第 433 页。
④ 北冈正子：「l我所認識的鲁迅l に異議あり」，「関西大学中国文学会紀要」1996 年 3 月第十七号，第 17 页。

对鲁迅"国民性思想"展开的大规模的集中讨论中，已经有研究者注意到了相关文献来自许寿裳的三篇文章。 即，《怀亡友鲁迅》（《新苗》第十一期，1936 年 11 月 16 日）、《回忆鲁迅》（《新华日报》，1944 年 10 月 25 日）、《亡友鲁迅印象记·办杂志、译小说》（《民主》第三十八期，1946 年 7 月 6 日）。 三次谈到的内容虽有不同侧重之别，但以上"三个关联的问题"则是其中的最大公约数，前后完全一致。

　　鲁迅在弘文时，课余喜欢看哲学文学的书。他对我常常谈到三个相联的问题：一，怎样才是理想的人性？二，中国国民性中最缺乏的是什么？三，它的病根何在？

　　那么，是什么促使了当年的鲁迅和许寿裳展开"国民性"问题的讨论呢？ 在此方向上，北冈正子调查发现，两人的国民性话题，实际是他们在学期间，校长嘉纳治五郎（Kano Jigoro, 1860—1938）和当时同在弘文学院留学、年长而又是"贡生"的杨度（1875—1931）关于"支那教育问题"的讨论之"波动"的结果①。 这是首次将"鲁、许"二人的讨论还原到历史现场的作

---

① 北冈正子：『もう一つの国民性論議——鲁迅・許寿裳の国民性論議への波動』，载『関西大学中国文学会紀要』1989 年 3 月第十号。 后以『六　嘉納治五郎　第一回生に与える講話の波紋』为题，集入同作者『鲁迅　日本という異文化なかで——弘文学院入学から"退学"事件まで』[関西大学出版部，平成十三年(2001)版]一书。 该文中文译文《另一种国民性的讨论——鲁迅、许寿裳国民性讨论之引发》，李冬木译，载《吉林大学社会科学学报》1998 年第 1 期。

业，从而为鲁迅国民性问题意识的产生提供了一个具体的环境衔接。 这是继许寿裳回忆之后的重要成果之一。

嘉纳治五郎和杨度的讨论，以《支那教育问题》为题，刊载在《新民丛报》第二十三号和二十四号（1902 年 12 月 30 日、1903 年 1 月 13 日）上，这也从另一侧面佐证了梁启超和《新民丛报》的影响力。 总而言之，当年的留学生周树人（鲁迅）的"国民"意识便是在这样的言说环境中获得了促发和培养。 这就涉及鲁迅自身的国民性意识及其话语的建构。 对于鲁迅来说，国民性话语的建构既是理论问题，也是实践问题。上述的讨论范畴，皆处于理论层面。 在这个方面有一个人的影响不容忽视，那就是梁启超。

二、 梁启超之影响

周树人在出国之前，作为大清子民并无所谓"国民"（nation）的概念。 他的关于"民"的意识，在自我认知的维度上是一介"平民"。"会稽山下之平民，日出国中之游子"①，这是他到达日本后不久，在一封家书中对自己的定位。 他并未

---

① 周作人：《周作人日记》（上），大象出版社 1996 年版，第 335 页。 1902 年 6 月 16 日（农历五月十一日）日记。

以"大清国"来平等对仗后面的"日出国",而是以故乡的"会稽山"来代表自己的出身,说明在他的"民"观念中没有或有意剥离了清国之"国"的维度。 因此"国民"的概念也就不能成立。 他就是这样作为一个"平民""游子"在"日出国中"首次与"国民"相遇。 这个"国民",对他来说,与其说是作为一个词语或作为 nation 之概念而被认知,倒莫如说是在异国之"国"的境遇下,对包括自己在内的现实之"民"的重新审视与发现。 "比较既周,爰生自觉"①,从客观上讲是一个比较的环境,一比较就比较出了"奴隶"与"国民"的区别。

> 曰国民,曰奴隶,国民强,奴隶亡;国民独立,奴隶服从。中国黄龙旗之下,有一种若国民非国民,若奴隶非奴隶,杂糅不一,以组织成一大种。谓其为国民乎? 吾敢谓群四万万人而居者,即具有完全之奴颜妾面,国民乎何有? 尊之以国民,其污秽此优美之名词也孰甚? 若然,则以奴隶异之,吾敢拍手叫绝曰:奴隶者,为中国人不雷同、不普通、独一无二之徽号。
>
> ……
>
> 奴隶者,与国民相对待,而不耻于人类之贱称也。国民者,有自治之才力,独立之性质,有参政之公权,有自由之幸福,无论所执何业,而皆得为完全无缺之人。曰奴隶也,

---

① 参见鲁迅《摩罗诗力说》,第 67 页。

则既无自治之力,亦无独立之心,举凡饮食、男女、衣服、居处,莫不待命于主人,而天赋之人权,应享之幸福,亦莫不奉之主人之手。①

这是 1903 年出版的邹容《革命军》"第五章革命必先去奴隶之根性"中的两段。 邹容几乎与周树人同时赴日留学,他的"国民"发现代表着同时代的认知水平。 他发现的是中国没有"国民",只有"奴隶",而且是"奴隶之奴隶"②。 因为"满人"已沦为列强的"奴隶",故"举一国之人,无一不为奴隶之奴隶"③。 因此他的革命目标便是唤醒"国民"意识:"吾先以一言叫起我同胞曰:国民! 吾愿我同胞,万众一心,支体努力,以砥以砺,拔去奴隶之根性,以进为中国之国民。"④

这一呼声也让周树人大为感动,直到晚年还清晰地记得并且赞叹不已:"倘说影响,则别的千言万语,大概都抵不过浅近直截的'革命军马前卒邹容'所做的《革命军》"⑤。 这应该是种族革命维度上的"国民"认知的开始。

在这一延长线上,也很容易使人联想到为《革命军》作序的章太炎,他曾因《苏报》案入狱,出狱后编辑《民报》,反清"排满",驳斥康有为,主张革命等,其立场之坚定,影响之巨

① 邹容:《革命军》,冯小琴评注,华夏出版社 2002 年版,第 47—48 页。
② 邹容:《革命军》,第 13 页。
③ 邹容:《革命军》,第 50 页。
④ 邹容:《革命军》,第 51 页。
⑤ 鲁迅:《坟·杂忆》,《鲁迅全集》第 1 卷,第 234 页。

大，都是众所周知的事实，而周树人等又从他学小学，听讲《说文解字》亦自不待话下。然而就彼时"国民"话语和批判国民"奴性"而言，影响力最大的还属梁启超。1898 年秋，戊戌变法失败，梁启超亡命日本后，开始通过日文文献进一步接触西学，自言"脑质为之改易，思想言论，与前者若出两人"①。而"国民国家"意识的确立和思想建构，则可谓最明显的变化。正如狭间直树所指出的那样，"梁之所谓'思想一变'的核心部分，即在于在理解国家的基础上确立国家主义"②。梁意识到，要想"将中国改造成类似于欧美和日本那样的近代民族国家"③，就必须从"国民"的确立开始，即所谓"欲维新吾国，当先维新吾民"④，为此，"梁确立了他的实践方向，即通过改造国民性来促进祖国的革新。"⑤而梁的"维新吾民"的工作又正是从批评国民的"奴性"开始的，因为奴隶之国无法建成独立之国。"吾中国所以不成为独立国者，以国民乏独立之德而已"⑥。"独立者何？不藉他力之扶助，而屹然自立于世界者也。人而不能独立，时曰奴隶，于民法上不认

① 《附录二 夏威夷游记（旧题汗漫录又名半九十录）己亥》，《饮冰室合集·专集之二十二》，第 186 页。
② 狭間直樹：『梁啓超 東アジア文明史の転換』，岩波書店，2016 年 4 月，第 10 页。
③ 清华大学国学研究院：《东亚近代文明史上的梁启超》，狭间直树主讲，张勇评议，上海人民出版社 2016 年版，第 222 页。
④ 《本报告曰》，载《新民丛报》第一号。
⑤ 狭间直树：《东亚近代文明史上的梁启超》，第 223 页。
⑥ 梁启超：《十种德性相反相成义》，《清议报》第八十二、八十四册，《饮冰室合集·文集之五》，第 44 页。

为公民，国而不能独立，时曰附庸，于公法上不认为公国"①。
"呜呼，吾不知我中国此种畜根奴性，何时始能剗除之而化易之
也"②。"今之论者，动曰西人将以我为牛马为奴隶，吾以为特
患同胞之自为牛马，自为奴隶而已。苟不尔，则必无人能牛马
之奴隶之者"③。他在《中国积弱溯源论》里甚至把"奴性"
列为"积弱之源于风俗者"的首条：

> 一曰奴性。数千年民贼之以奴隶视吾民，夫既言之矣。
> 虽然，彼之以奴隶视吾民，犹可言也，吾民之以奴隶自居，不
> 可言也。孟子曰，人必自侮，然后人侮之。故使我诚不甘为
> 奴隶，则必无能奴隶我者。嗟乎，吾不解吾国民之秉奴隶性
> 者何其多也！④

梁启超立志把"奴性"的"劣国民"变为"独立"的"良国
民"⑤：前者是着眼点，后者是追求实现的目标。可以说，梁
启超的这种关于"国民"和批判"奴性"的话语，构成了邹容
《革命军》的先声，而后者又恰恰是对这一话语的强有力的回

① 梁启超：《国民十大元气论（一名《文明之精神》）·独立论》，《清议报》第三
　十三册，《饮冰室合集·文集之三》，第 62 页。
② 梁启超：《国民十大元气论·独立论》，第 65 页。
③ 梁启超：《国民十大元气论·独立论》，第 65 页。
④ 梁启超：《中国积弱溯源论》，《清议报》第七十七至八十四册，《饮冰室合集·
　文集之五》，第 18 页。
⑤ "劣国民"与"良国民"是梁启超特有的用法。参见《中国积弱溯源论》，第
　18 页。

应。至于此后在《新民丛报》上刊载的《新民说》，则更是梁启超国民话语的集大成者，被当今专业学者誉为"是近代中国的国民精神形成史上闪耀着光辉的重要篇章"①，而在世界史的坐标里，梁启超亦在相同的意义上被视为"近代中国民族主义最大的贡献者"②。改变国民的"脑质"，也就是后来通常所说的"改造国民性"，是梁启超"国家主义"当中的重要组成部分。他批判"陋儒"，"由于陋儒误解经义，煽扬奴性也"③，他赞美哥白尼和培根，只因"此二派行，将数千年来学界之奴性，犁庭扫穴，靡有孑遗"；④而"倍（按，培根）氏笛（按，笛卡尔）氏之学派虽殊，至其所以有大功于世界者，则惟一而已，曰破学界之奴性是也。"⑤进而，在"新史学""教育""译印政治小说"和"新小说"等方面的提倡，皆意在塑造"新民"，因此在改造国民性的意义上，梁启超是名副其实的那个时代的引领者。毛泽东在长沙创办的"新民学会"即是对梁启超的响应。胡适在 40 岁时写"自述"时，仍然能清晰地记得《新民说》中那些令他激动的句子：

① 狭间直树：《〈新民说〉略论》，《东亚近代文明史上的梁启超》，第 220 页。关于"新民说"，该文有详细、透彻的论述。
② 平野聪：『興亡の世界史·大清帝国と中華の混迷』，講談社，2018 年，第 331 页。
③ 梁启超：《新史学》，《新民》第十一号，《饮冰室合集·文集之九》，第 24 页。
④ 梁启超：《论学术之势力左右世界》，《新民丛报》第一号，《饮冰室合集·文集之六》，第 112 页。
⑤ 梁启超：《近世文明初祖二大家之学说》，《新民丛报》第二号，《饮冰室合集·文集之十三》，第 11 页。

　　梁先生自号"中国之新民"、又号"新民子"。他的杂志也叫做《新民丛报》，可见他的全副心思贯注在这一点。"新民"的意义是要改造中国的民族，要把这老大的病犬民族改造成一个新鲜活泼的民族。他说：未有四肢已断，五脏已擦，筋脉已伤，血轮已涸，而身犹能存者；则亦未有其民愚陋怯弱涣散混浊而国犹能立者。……苟有新民，何患无新制度，无新政府，无新国家（《新民说·叙论》）。①

　　这里之所以再次确认梁启超"国民"话语建构的意义及其影响力，是想明确一个基本事实并纠正某种认识的偏颇。即，刚到日本不久的周树人也是深受梁启超影响的，不能因为他此后在政治立场上与梁启超分道扬镳而抹杀或割裂这种关系。周作人在谈到"豫才的求学"时，有一段关于受到"梁任公"影响的话说得很清楚："末了是梁任公所编刊的《新小说》。《清议报》与《新民丛报》的确都读过，也很受影响，但是《新小说》的影响总是只有更大不会更小。梁任公的《论小说与群治之关系》当初读了的确很有影响，虽然对于小说的性质与种类，后来意见稍稍改变，大抵由科学或政治的小说渐转到更纯粹的文艺作品上去了。不过这只是不侧重文学之直接的教训作用，本意还没有什么变更，即仍主张以文学来感化社会，振兴

────────────

① 胡适：《四十自述》，《胡适全集》第 18 卷，安徽教育出版社 2003 年版，第 59 页。

民族精神，用后来的熟语来说，可说是属于为人生的艺术这一派的。"①周树人后来在仙台弃医从文，在动机上和梁启超是完全一致的。

很显然，周树人和许寿裳在弘文学院关于国民性的话题，就是在这样的"国民性"话语的环绕下产生的，可以说是与梁启超为代表的"周边"自觉互动的结果。前面已经介绍过，作为"波动"源的嘉纳和杨度的讨论，后来以《支那教育问题》为题，刊载在《新民丛报》上，这本身又意味着"国民性"话语的互动与扩散。

三、周树人"国民性"话语建构的最早实践

然而，国民性话语的建构还不仅仅是观念问题、理论问题，还更是一个实践问题。在梁启超"译印政治小说""新小说"等主张和实践的引领下，周树人在建构自己的国民性话语时，从一开始就具有明显的向"文艺"方面的倾斜，并且伴随着鲜明的人物形象。

通过前面的调查已经知道，1903年是"国民性"一词进入

---

① 知堂：《鲁迅之二》，《周作人散文全集》第7卷，钟叔河编订，广西师范大学出版社2009年版，第447页。

汉语的元年。 1902 年 4 月到达日本的周树人，迎来了在弘文学院留学的第二年。 在同学眼里，他是个"涉猎欧美和日本的书籍，边学习日语，边翻译"的勤奋的人，"平日顽强苦学，毅力惊人，每每工作到深夜才睡" [①]。 作为与"近代"接点的各种新知，便在这样的努力下急速扩充起来，周树人走进了崭新的知性世界。

这一年，他过得非常繁忙，在学习日语的同时，还留下了一串可观的著译成绩：

《斯巴达之魂》(小说)，6 月 15 日、11 月 8 日，载《浙江潮》第五期、第九期，署名自树

《哀尘》(法国嚣俄著，小说)，6 月 15 日，载《浙江潮》第五期，署名庚辰

《月界旅行》(法国凡尔纳著，小说)，1903 年 10 月，东京进化社初版

《说鈤》(论文)，10 月 10 日，载《浙江潮》第八期，署名自树

《中国地质略论》(论文)，10 月 10 日，载《浙江潮》第八期，署名索子

《地底旅行》(法国凡尔纳著，小说)首二回，12 月，载《浙

---

① 沈瓞民：《回忆鲁迅早年在弘文学院的片段》，《鲁迅回忆录（散篇）》，北京出版社 1999 年版，第 45 页。

江潮》第十期,署名索士

《中国矿产志》(本年与顾琅合编,普及书店 1906 年 7 月出版),署名周树人

这些成绩标志着中国留学生周树人当时以文字步入言论界的开始,也意味着此后那个"鲁迅"文学生涯的起点。尤其令人瞩目的是排在首篇的《斯巴达之魂》和第二篇《哀尘》。两篇同时以此顺序刊载于《浙江潮》第五期。《浙江潮》是浙江留学生同乡会于 1903 年 2 月 17 日在东京创办的杂志,六月份发行的第五期成了周树人首篇创作和首篇翻译的活字载体。当时编辑杂志的同乡好友许寿裳的约稿①,当然也是促成发表的直接契机。

从思想状态来讲,正如学者考察其在弘文学院一年的学习所做的结论:"这一时期的他,不过是经过日本这一异文化的触媒而接连不断诞生的大批'爱国青年'当中的一个。"②从这一年周树人所留下的文字来看,的确"中国者"之情怀洋溢全身:"中国者,中国人之中国。可容外族之研究,不容外族之探捡;可容外族之赞叹,不容外族之觊觎者也。"③这样的他,

① 参阅许寿裳《〈浙江潮〉撰文》,《鲁迅生平史料汇编》第二辑,天津人民出版社 1982 年版,第 35—36 页。
② 北冈正子:『魯迅　日本という異文化のなかで——弘文学院入学から「退学」事件まで』,関西大学出版部,2001 年,第 2 页。
③ 鲁迅:《集外集拾遗补编·中国地质略论》,《鲁迅全集》第 8 卷,第 6 页。

当看到外人"相率而谈分割，血眼欲裂，直眈炭田"①时，当然会充满愤怒和焦虑。那么，该怎么办？"非左操刃右握算，吾不知将何以生活也"②。这或许也代表着当时青年的普遍精神状况：危机中找对策，焦虑中少办法，而只能像曾推行洋务运动的先人一样，想到"左操刃右握算"，以牙还牙。但是在文章方面，与周围相比，周树人的的确确要胜出一筹。"上国文光异地开"③不仅是来自朋友的赞美，也是他自己的气魄与自信。而"嗟尔诸士，彼虽无墓，彼终有斯巴达武士之魂！"④——《斯巴达之魂》的如此"气场"足以佐证。

不过，从本书的论旨来讲，在讨论周树人的文采之前，笔者首先认为《斯巴达之魂》和《哀尘》是周树人最早的国民性话语建构之作。尤其是作为文学创作的前者，这一特征就更加明显。以下将具体分析这一案例。

《斯巴达之魂》取材于发生在公元前480年的斯巴达人抵抗波斯人入侵的"德尔摩比勒"战役。关于"斯巴达"和这场战役，《鲁迅全集》有如下注释：

斯巴达（Sparta） 古希腊城邦之一。斯巴达王黎河尼

① 鲁迅：《集外集拾遗补编·中国地质略论》，《鲁迅全集》第8卷，第18页。
② 鲁迅：《集外集拾遗补编·中国地质略论》，《鲁迅全集》第8卷，第6页。
③ 周遐寿：《鲁迅的故家·胡韵仙》，《鲁迅回忆录（专著）》，北京出版社1999年版，第1020页。
④ 鲁迅：《集外集·斯巴达之魂》，《鲁迅全集》第7卷，第16页。此后对《斯巴达之魂》的整段引用，只在文后标注同卷页码。

佗(Leonidas)应希腊同盟军的请求,率军赶赴希腊北部的德尔摩比勒(Thermopylas)山隘,阻挡波斯军队的进攻,在众寡悬殊下激战两天,第三天因叛徒爱飞得(Ephialtes)引波斯军由山间小道偷袭后路,斯巴达军受到两面夹攻,全体阵亡。①

此事在《历史》②等典籍中有记载,斯巴达军"全体阵亡"的故事更是千古留名。 周树人当然不可能直接读到希罗多德,但在他当时留学的读书环境里,存在着令他知晓此事的传播条件。也正因为如此,他才有机会去读史。"读史"让周树人大为感动,并且拿来做了自己的创作加工,他想通过这个故事来表现"斯巴达之魂"。 他在作品展开之前,为自己将要讲述的故事加上了一段类似小序的主题说明:

> 西历纪元前四百八十年,波斯王泽耳士大举侵希腊。斯巴达王黎河尼佗将市民三百,同盟军数千,扼温泉门(德尔摩比勒)。敌由间道至。斯巴达将士殊死战,全军歼焉。兵气萧森,鬼雄昼啸,迨浦累皆之役,大仇斯复,迄今读史,犹懔懔有生气也。我今掇其逸事,贻我青年。呜呼! 世有不甘自下于巾帼之男子乎? 必有掷笔而起者矣。译者无

---

① 《集外集·斯巴达之魂》注释〔3〕,《鲁迅全集》第7卷, 第17页。
② 参见希罗多德《历史》(上、下), 商务印书馆 1959 年版、1997 年版。

> 文,不足摸拟其万一。噫,吾辱读者,吾辱斯巴达之魂!(第
> 九页)

事迹还是那段事迹,但周树人作品主题所要表达的"斯巴达之魂"里却并不只有"全军歼焉"的"温泉门(德尔摩比勒)"武士,而更有"巾帼"出现:"呜呼! 世有不甘自下于巾帼之男子乎? 必有掷笔而起者矣。"不仅如此,这个"巾帼"还让作者觉得"译者无文",表达无力,"不足以模拟其万一",因此自责"吾辱斯巴达之魂"。 的确,在作品中出现了德尔摩比勒战役史事中不曾出现的女人,而且作者有意想让这位"巾帼"来代表"斯巴达之魂"。 而正是从这一刻起,周树人不再拘泥于史实,开始了自己的文学创作,并通过对"斯巴达"的文学"模拟",建构了属于他的"国民性"话语。

那么,周树人的关于"斯巴达之魂"的故事是如何建构起来的呢?

四、关于"斯巴达"的知识来源

彼时,正值日俄开战的前一年,日本各界舆论鼎沸,自然也影响到留学界。《浙江潮》第四期上发表的《留学界纪事·(二)拒俄事件》及其中提到的"希腊""德尔摩比勒"之战,

是目前公认的《斯巴达之魂》写作的直接背景，已经写进全集注释：

> 按《浙江潮》第四期《留学界纪事·（二）拒俄事件》载："阴历四月初二日东京《时事新报》发刊号外……内载俄国代理公使与时事新报特派员之谈话，有'俄国现在政策断然取东三省归入俄国版图云云'。……次晨留学生会馆干事及各评议员立即开会提议留学生自行组织义勇队以抗俄，并以为国民倡，众皆赞成。"初四日义勇队函电各方，在致北洋大臣函中有这样的话："昔波斯王泽耳士以十万之众，图吞希腊，而留尼达士亲率丁壮数百，扼险拒守，突阵死战，全军歼焉。至今德尔摩比勒之役，荣名震于列国，泰西三尺之童无不知之。夫以区区半岛之希腊，犹有义不辱国之士，可以吾数百万万里之帝国而无之乎！"本篇即在此背景下发表。①

不难想象，周树人也是这些行动和言论的参与者，而且是慷慨激昂的一个。 不过，这里的问题是，留学生们为什么会提到"德尔摩比勒"？ 周树人为什么会紧接着就写出《斯巴达之魂》？ 他们是怎么知道的？ 一般首先会联想到他们从日本舆论界直接获取立论素材，而事实上过去的材源探讨也基本是按

---

① 《集外集·斯巴达之魂》注释〔1〕，《鲁迅全集》第7卷，第17页。

照这个思路来进行的。 笔者并不否认这一点，只是对留学生们当时究竟有多大程度的直接读取能力抱有疑问，30 年后的鲁迅自己也承认，他当时日文能力和历史知识都没有那么高的程度①。 因此，不妨在此确立一个假说，即设想在留学生和日文材源之间还存在着一个发挥导向作用的环节：既传播知识也引导思想。

那么，这个中间环节是什么呢？ 笔者锁定的对象是《新民丛报》及其主宰者梁启超。 顺附一句，在这一思路中，也曾有学者提到梁启超，却未展开具体调查②。

虽然大量事实可以证明当时的周树人还是梁启超和《新民丛报》《新小说》的热心读者，但在"革命"与"保皇"的思维定式里，不少学者的最为用力之处，是把"梁启超"从鲁迅身边切割。 这是"立场"压倒"事实"的典型案例，在此无须多辩。 而彼时两者的关系亦可由"斯巴达"这一知识传播和思想引领环节的检证所获得。

下面，就来看一下梁启超那里的"斯巴达"。

1890 年，17 岁的梁启超在上海坊间"购得《瀛寰志略》读

① 鲁迅：《集外集·〈集外集〉序言》，《鲁迅全集》第 7 卷，第 4 页。
② 陈漱渝：《〈斯巴达之魂〉与梁启超》，载《鲁迅研究月刊》1993 年第 10 期。虽然该文只有一页，却提出一个调查命题，即"鲁迅的《斯巴达之魂》不仅立意上受到梁启超的启发，文中的一些佳句也与《斯巴达小志》相类"。 森冈优纪复述这一点，但同样没进一步展开调查（参见本章"九"，"森冈优纪"注释）。

之，始知有五大洲各国"①。 倘若他能读得仔细，或许会看到该书"希腊国"之下的"斯巴尔达"字样②。 不过，至少在《强学报》和《时务报》里还看不到他聚焦此国的迹象。 也就是说对"斯巴达"的关注和认知要经历一个过程。 由于"斯巴达"是古希腊城邦国之一，所以笔者最初就把调查范围设定在"希腊罗马"。 经过调查，基本把握到了梁启超那里的由"希腊罗马"而逐渐聚焦到斯巴达的知识脉络。③

《强学报》期间短，内容少，没找到关于"希腊罗马"的记载。

目前所见，"希腊罗马"的字眼，最早见于《时务报》时期。 由于《时务报》有几乎一半的内容是译自外报、外电，故与"希腊罗马"相关的资讯，大多出自"域外报译"和"路透电音"等栏目里。 由于1897年围绕克里特岛的归属问题，爆发希腊与奥斯曼土耳其的战争，所以与"希腊"相关的还主要是外媒所传递的时事消息。 梁启超作为截至第五十五册为止的《时务报》编者和撰稿人，这些资讯当然也是他接触"希腊"的渠道，却又不囿于时事报道中的"希腊"，因为从"新会梁启超撰"的文章中可以知道，他对"希腊"的关注，已经开始有

---

① 梁启超：《三十自述》，《饮冰室合集·文集之十一》，第16页。
② 参见徐继畬《瀛寰志略》，上海书店出版社2001年版，第174—182页。
③ 关于这项调查的详细内容，请参阅拙文《从"斯巴达"到"斯巴达之魂"——"斯巴达"知识传播中的梁启超与周树人》，载《吉林大学学报（社会科学版）》，2022年第4期。 关于"希腊罗马"的记载。

了涉及"历史"和"政体"的维度。梁启超在《学校余论》一文中认为："今日欲储人才，必以通习六经经世之义……而参合之于西政"，学问上既要"求之古人"，也要"求之西域"，"以公理公法之书为经，以希腊罗马古史为纬"。这是梁启超首次提到"希腊罗马古史"，刊载时间是 1897 年 8 月 18 日①。

梁启超多言"希腊罗马"，始于他亡命日本之后创办《清议报》的时期。这一时期也是他汲取"西方"，知识猛增，视野和见识大为提升的时期。《清议报》1889 年 12 月 23 日创刊于横滨，旬刊，1901 年 12 月 21 日停刊，3 年间共出 100 册。《清议报》中的"希腊"，亦多出自译载或转载的中外书报资讯，但与《时务报》时期不同的是，除了时事报道中大量出现的"希腊"之外，"希腊"越来越多地介入到各种议题。这个"希腊"已经不单是一个现实当中发生纷争并被关注和报道的对象，而是一个深深介入历史、文化、思想和现实政治等方面的讨论的对象，是一个涉及世界史和文明史的不可或缺的维度。例如，《清议报》自第十一册（1899 年 4 月 10 日）起开始连载的《国家论》，开篇即言"以学理解释国家之意义，实自希腊人之始也"②。

---

① 《时务报》。光绪二十三年七月二十一日第三十六册，"学校余论 变法通议三之余论 新会梁启超撰"，《中国近代期刊汇刊·强学报·时务报》，中华书局 1991 年版第 3 册，第 2417 页。以下引用皆出自该版本，故不特意标注。

② "国家论 第一 卷一 德国伯伦知理著"，《清议报一》，中华书局，第 679 页。以下引用皆出自该合订版。

当然，梁启超这一时期"希腊"知识大增，与他"译印政治小说"有着更为直接的关系。梁启超大力推举并在《清议报》上连载的《佳人奇遇》和《经国美谈》所产生的巨大影响和历史意义，已多有论及，兹不赘述。前者多涉希腊人物、典故和历史遗迹，后者则简直就是矢野龙溪病中悉心研读希腊历史①，并以公元前 382 年至前 366 年的"希腊"，即"底比斯"和"斯巴达"为舞台精心创作的历史演义。可以说这两部长篇小说中的希腊历史和文化含量，对梁启超来说，都要远远超过同时期的任何一部著作。梁启超曾经评价这两部书说："其浸润于国民脑质，最有效力者，则经国美谈、佳人奇遇，两书为最"。② 其实，正是他本人才是被"浸润"的第一人。《清议报》第一册就开始连载他执笔翻译的《佳人奇遇》，并附序言，即著名的《译印政治小说序》③；《经国美谈》是他在《清议报》上继《佳人奇遇》之后隆重推出的译作④，号称"在日本实

---

① 矢野龙溪年谱："明治十五年（一八八二）三十三岁。……晚春，数十日病卧，在此期间，读希腊史，涌出执笔小说之意欲，锤炼出《齐武名士经国美谈》腹稿。"福岛玉编「年譜」，『明治文学全集 15・矢野龍渓集』，筑摩书房，昭和四十五年十一月二十五日，第 417 页。

② 梁启超：《自由书・传播文明三利器》，载《饮冰室合集・专集之二》，第 41—44 页。

③ 梁启超：《译印政治小说序》（署名任公），《政治小说佳人奇遇卷一》（署名东海散士），见《清议报》第一册。

④ 丸山昇・伊藤虎丸・新村徹：『中国现代文学事典』，東京堂，1985、1991年，认为《经国美谈》之汉译亦出自梁启超之手，参见第 17、149、303 页，同此说之叙述颇多，兹取"译者为周宏业"说，参见邹振环《〈经国美谈〉的汉译及其在清末民初的影响》，《东方翻译》2013 年第 5 期。

仅见之奇书，在中国则政治小说之嚆矢也"①。 伴随着二作的相继连载，梁启超编织进自己话语中的"希腊"，亦呈色彩纷呈之观，出现在各种讨论当中（具体内容，兹从略）。

甚至在为康有为作传时，也罩上了"希腊""斯巴达"的滤镜："先生之哲学，社会主义派哲学也。 泰西社会主义，原于希腊之柏拉图……"②"虽然，先生所谓政府责任者……其外形乃有似希腊之斯巴达国政体"③（《南海康先生传》，1901 年12 月 21 日），诸如此类。

值得注意的是，在刊行《清议报》期间，梁启超开始使用"斯巴达"一词。 首个用例见于《论中国与欧洲国体异同》一文，在谈到"贵族政治"时举例说："以希腊诸国比例之，大约近于斯巴达之政体最多，其国权上不在君，下不在民，而在国中之一部，此一部之权，实有伟大可惊者。"④该文分两次刊载于《清议报》第十七册、第二十六册，时间是 1899 年 6 月 8 日和 9 月 5 日。 但之后在很长的一段时间内便不再使用，直到在1901 年底《清议报》最终号第一百册上再次出现。 如该号上引《南海康先生传》中"斯巴达国政体"之言，是此后"斯巴达"用例密集出现的开始，标志着该译词在梁启超文本中的

---

① 《〈经国美谈〉广告》，1901 年 3 月 1 日至 5 月 18 日，见《清议报》第七十至七十九册封底。
② 梁启超：《南海康先生传》，1901 年 12 月 21 日，《清议报》第一百册，《饮冰室合集·文集之六》，第 73 页。
③ 梁启超：《饮冰室合集·文集之六》，第 76 页。
④ 梁启超：《饮冰室合集·文集之四》，第 62 页。

确立。

1901 年 12 月 21 日，《清议报》刊出第一百册，但报馆随后失火，《清议报》终刊。 两个多月后（1902 年 2 月 8 日），梁启超又在横滨创办《新民丛报》。 这份半月刊，在此后的六年间共出九十六号，"是梁启超主持的报刊中历时最久、影响最大的刊物"①。 查阅《新民丛报》可以发现，1902、1903 和 1904 年，这三年是梁启超著述生涯中言及"希腊"和"斯巴达"最多的年份，尤其是前两年，更是格外集中，不仅几乎每期都会出现，还更有《斯巴达小志》和《雅典小史》的专文刊载。 "希腊"和"斯巴达"不仅是一个相关文脉中所涉及的词语，而是直接成为被关注和描述的对象。

这一时期，梁启超乃至整个《新民丛报》对"希腊"尤其是对"斯巴达"的关注和介绍主要体现在对其历史、文化、政治制度、国民教育和尚武精神的借鉴上，从而采纳进来，用以补强自说。 其代表作是《斯巴达小志》。

五、 梁启超《斯巴达小志》及其所处位置

《斯巴达小志》分两期连载于《新民丛报》第十二、十三

---

① 《影印说明》，《新民丛报一》，中华书局 2008 年版，第 1 页。 以下引用皆出自该影印本。

号（1902 年 7 月 9 日、8 月 4 日），全文 11 000 多字，由十个部分构成：发端、第一节至第八节、结论。"发端"和"结论"是梁启超的评述，第八节"斯巴达之缺点"亦性质相同，除此之外，在第二节至第七节之间，还插入了十四段"案"语。 因此，总体而言，与其说是"斯巴达"之"小志"，还不如说是梁启超以夹叙夹议的形式对他的"斯巴达"心像所做的描绘。

要而言之，（一）这是一个处在西方历史原点，为西方各文明国留下基因的"斯巴达"："古代历史，国别虽多，要其中心点不外希腊罗马。 希腊历史，建国不鲜，要其中心点不外斯巴达雅典"①；（二）这是作为理想"立宪君主"政体的"斯巴达"："立宪君主"，"此诚过渡时代绝妙之法门也，而其精神其体例实自斯巴达启之。 斯巴达实今日全世界十数强国文明国之祖师也"②；（三）这是一个作为楷模的"斯巴达"："尚武精神，为立国第一基础"，"非取军国民主义者，则其国必不足以立于天地"，"故雅典为十九世纪之模范，斯巴达为二十世纪之模范"③；（四）而作为"君主专制"的"法治国"，"斯巴达实今日中国之第一良药也"④。

这个"斯巴达"，已经不仅仅是作为知识的传递对象，而是一个上升为感情诉诸的对象。 梁启超后来总结说，《新民丛

---

① 梁启超：《斯巴达小志》，《新民丛报》第十二号，第 27 页。《饮冰室合集·专集之十五》，第 1 页。
② 梁启超：《斯巴达小志》，第 1—2、28 页。
③ 梁启超：《斯巴达小志》，第 2、28 页。
④ 梁启超：《斯巴达小志》，第 2、29 页。

报》时期的他，写文章"笔锋常带感情"①。倘若要挑选一篇例文，则《斯巴达小志》一定入选。因为"斯巴达"已令他心潮澎湃，夜不能寐："吾惟读斯巴达史，而若有物焉，怦怦而来袭馀心，使吾嘘，使吾汗，使吾呓，使吾栗，使吾笑，使吾啼，吾不知果何祥欤。"②"斯巴达而雅典，雅典而斯巴达者遍满于大地，于是乎，不斯巴达不雅典者遂无所容。吾昨夜无寐而梦何梦，梦啜黑羹，吾不知果何祥欤。"③若以此后不久写作的《雅典小史》(《新民丛报》第十九号，1902 年 10 月 31 日) 拿来做对比，则感情投放的温度之差判然可感。其何以如此呢？是因为梁启超看到了"斯巴达"在现实世界上的"还魂"力量："顾吾窃睨夫眈眈逐逐于吾旁者，为斯巴达还魂者若干国，为雅典还魂者若干国。"④这就是说，在他看来，西方列国之强大，是有"雅典"尤其是"斯巴达"被"还魂"于今日的缘故。这是对"斯巴达之魂"的发现，也是梁启超对西方的新发现，标志着他对西方的认识，已从制度层面上升到了精神层面。由此借"斯巴达之魂"而还"中国之魂"便是一个激动人心并且符合逻辑的选项。

---

① 梁启超：《清代学术概论(原题前清一代思想界之蜕变)》，《饮冰室合集·专集之三十四》，第 62 页。

② 梁启超：《斯巴达小志》，《新民丛报》第十三号，第 41 页。《饮冰室合集·专集之十五》，第 18 页。

③ 梁启超：《斯巴达小志》，第 42 页。《饮冰室合集·专集之十五》，第 19 页。

④ 梁启超：《斯巴达小志》，《新民丛报》第十二号，第 29 页。《饮冰室合集·专集之十五》，第 2 页。

事实上,《斯巴达小志》处在梁启超关于"灵魂"思考的延长线上。"中国魂安在乎"?① "吾中国魂果安在乎? 吾欲请帝遣巫阳而招之"②。 他就是这样在不停地呼唤,并为此编辑出版《中国魂》③一书。 当然,也正像有学者早已指出的那样,"日本在康梁的变法运动中是被学习和仿效的先例"④,梁启超实际是"以'日本魂'为范本来唤回'中国魂'"⑤,"祈战死"的壮行场面使梁启超注意到"尚武"精神,并使"他由此发现'欧日尚武,中国右文'"⑥。 而这种发现与他对"雅典右文,斯巴达尚武"⑦发现是相辅相成的。 这就涉及在梁启超招魂的过程当中,尤其是取范日本"武士道"的过程当中,围绕"斯巴达"他与日本的互动关系及其《斯巴达小志》知识来源的问题。

---

① 梁启超:《饮冰室自由书·中国魂安在乎?》,《清议报》第三十三册,《饮冰室合集·专集之二》,第 37—39 页。

② 梁启超:《中国近十年史论·积弱溯源论》,《清议报》第八十册,1901 年 5 月 28 日,后改题《中国积弱溯源论》,文集之五,第 26 页。

③ 笔者确认版本:饮冰室主人编辑《中国魂》(卷上、卷下),上海广智书局印,光绪二十八年十月二十日(1902 年 11 月 19 日)再版,十一月初五日(12 月 4 日)发行。

④ 狭间直树:《〈新民说〉略论》,《梁启超·明治日本·西方》,社会科学文献出版社 2001 年版,第 82 页。

⑤ 狭间直树:《〈新民说〉略论》,第 71 页。

⑥ 狭间直树:《〈新民说〉略论》,第 82 页。

⑦ 梁启超:《新史学四·历史与人种之关系》,《饮冰室合集·文集之九》,第 16 页。

六、 明治日本的"斯巴达"言说与《斯巴达小志》

如前所述，梁启超接触"斯巴达"，最迟不会晚于他亡命途中。 正像他对"武士道"的真正了解是到日本以后才开始的那样，关于"斯巴达"的知识，也是到了日本以后，才真正扩充起来的。

明治日本从何时起导入"斯巴达"以及详细过程，须精查所有文献方可确切得知，非本书所能完成。 不过倒是不妨以"斯巴达"为关键词来做扫描观察。 据语言学者介绍，在目前可确认的范围内，"Sparta"的最早汉字表记为"斯巴尔达"，见于徐继畲《瀛寰志略》（1848），随后被《海国图志》（1852）引用，传教士袆理哲（Richard Quarterman Way，1819—1895）《地球说略》中文版（1856）也沿用；这 3 个版本均有"和刻本"即日本版，明治五年即 1872 年收入村田文夫编《洋语音译笺》小词典中，同年文部省出版译著『希臘史略』卷一（息究尔〔セウエール〕著）中使用了该汉字音译。① 根据这一线索查阅"息究尔（セウエール）著"『希臘史略』，判明该书即伊

① 承蒙日本成城大学陈力卫先生指教并提供图版，笔者确认了"斯巴尔达"这一汉字音译词，最早由中国而传至日本，并在日本的希腊史表记中沿用的过程，在此谨对陈力卫先生致以衷心感谢。

丽莎白·米幸·休厄尔（Elizabeth Missing Sewell，1815—1906）所著 *A First History of Greece* 的日文版，"原书西历1869 年于美国纽约付梓刊行，为其国人息兊尔①（セウエール）所著，题为ホルスト、ヒストリー、ヲフ、ギリーシ（笔者按，即以日文假名做标注的英语发音），为开导儿童之希腊史也。著人之意亦惟在便蒙"②。目前日本国会图书馆所公开的数码版卷一至卷九，各卷封面所标出版年不同，卷一、卷二为"明治壬申（1872）初冬刊行"，卷三卷四卷五为"明治八年（1875）五月"，卷六为"明治十三年（1880）十二月"，卷七为"明治九年（1876）九月"，卷八为"明治十三年（1880）十二月"，日本国会图书馆的"书志情报"一律标注为"明治五年（1872）"出版。"斯巴尔达"汉字表记在书中并不统一，卷一开篇"希腊国及属地其他上代地志略表"记为"斯巴尔达"，而书中又记为"士巴尔达"。不过，即便如此，也大抵可了解"斯巴尔达"这一汉字音译词语，最早由中国传至日本，并进入日本希腊史之表记的轨迹。而且还更可以由此确认，早在明治初期日本就已经译印了比较完整的希腊史，"斯巴尔达"也借此载入日本关于世界史的启蒙话语中。

不过，由于明治启蒙的先驱者们可以直接以西文阅读西

---

① 国立国会図書館デジタルコレクション「書誌情報」记作「息究爾」，误矣。
② 「希臘史略凡例」，『希臘史略』卷一，文部省，明治壬申（1872）初冬刊行。以下如不做特殊说明，引文皆为笔者所译。

史，所以更多的人并不沿用既有的汉译词语，而是多用假名"スパルタ"来表记。据日前所确认，只有经涩江保之手的博文馆二十四册"万国战史"系列中的《希腊独立战史》《历山大王一统战史》和《希腊波斯战史》①（1896）承袭了《希腊史略》中的汉字表记："斯巴尔达"。光绪二十八年十一月初五日，即1902年12月4日，上海广智书局出版发行《希腊独立史》②，通过文本对照可以确认，该书即博文馆《希腊独立战史》的汉译本。该译本原字照录了原书中的"斯巴尔达"一词。然而，不论是"斯巴尔达"或"士巴尔达"抑或"スパルタ"，都并不仅仅是单纯的词语表记问题，而是在明治时期所谓世界史、西洋史、希腊史等话语当中，"斯巴达"作为一个对象不断被聚焦、被关注、被提取、被强化、被凸显呈现的结果。梁启超也是在这个知识体系当中，获取了关于希腊罗马，尤其是关于斯巴达的知识，并且找到了他认为可以足资中国借鉴的"斯巴达"。"斯破留多""斯破多"（《佳人奇遇》）→

---

① 柳井絅齋著『希臘獨立戦史』，博文館，「萬國戦史第十六編」，明治二十九年一月。澀江羽化著『歴山大王一統戦史』，博文館，「萬國戦史第二十三編」，明治二十九年八月。澀江保著『希臘波斯戦史』，博文館，「萬國戦史第二十四編」，明治二十九年九月。又，『希臘獨立戦史』实出自澀江保之手，参见山本勉「明治時代の著述者渋江保の著述活動：出版物〈万国戦史〉を中心に」，『佛教大学大学院紀要（文学研究科篇）』，第四十三号，2015年。笔者亦对照文本予以确认。

② 《希腊独立史》，版本信息：著者日本柳井纲斋，译者灵川秦嗣宗，广智书局，光绪二十八年十一月初五日发行。在此谨对提供信息支援的复旦大学图书馆王乐女士致以衷心的感谢。

"斯波多"(《经国美谈》)→"斯巴尔达"→"斯巴达",他在关于"斯巴达"词语表述上的变化,体现的正是这一学习、吸收、深化认识和择取借鉴对象的过程。 就词语演化规律而言,"斯巴达"应该是"斯巴尔达"的缩减书写形态。 在目前笔者阅读所及的范围内,梁启超即便不是第一个在汉语中使用"斯巴达"这个用语的人,也是最早使用的人之一。 由此可以断言,作为近代思想的启蒙者,梁启超也和在其他方面的表现一样,在关于"斯巴达"的命名、知识传播和认知引导上亦然处在先驱者的地位。 继梁启超之后,中国言论界才开始有了关于"斯巴达"的言说。

七、《斯巴达小志》的取材与梁启超的"斯巴达"心像

如前所述,《斯巴达小志》是梁启超把"斯巴达"本身作为对象,最为集中地讨论的一篇,既是他关于斯巴达的知识、认识的系统体现,也是他的"斯巴达"心像在诉诸情感方面的一次升华。 从取材的角度看,该文也是梁启超与日本知识界所提供文本的积极互动的结果。

笔者对《斯巴达小志》的材源首次展开调查,确认其基本来自两本书。 一本是浮田和民(Ukita Kazumi, 1859 — 1946)

的《西洋上古史》①，另一本是中西副松（？ —1905）的《斯巴达武士道》②，前者出版于 1898 年，应该是梁启超一直在阅读的一本书，后者几乎与刊载《斯巴达小志》前半部分（发端和前四节）的《新民丛报》第十二号（1902 年 7 月 9 日）同时出版（7 月 10 日），也就是说，梁启超在《新民丛报》第十三号（1902 年 8 月 4 日）发表《斯巴达小志》后半部分之前，阅读了《斯巴达武士道》并把其中的内容剪裁到第五节到第八节以及结论当中。 关于《斯巴达小志》与《西洋上古史》（以下略称【西】）、《斯巴达武士道》（以下略称【武】）两本书的详细文本对照附表，因篇幅关系，兹从略，将于日后另行发表。

前面说过，竭力凸显斯巴达人"尚武爱国之热情"，"以军国主义雄视千古"，是《斯巴达小志》的主要目的之一，故文中采用的最能代表"武德"和"军国民精神"的事例也就格外引人注目。 "第五节　斯巴达之国民教育"除了讲述筛选健康婴儿和男子自幼开始的严酷训练以及他们奔赴战场时的视死如归外，还重点介绍了"斯巴达妇人以爱国心激励男子"的事迹，其中就包括从【西】文本中摘取的著名的两段：

① 笔者所见版本为日本国会图书馆电子扫描版：『東京專門學校文學科第五回第一部講義・西洋上古史・浮田和民』，书内未标出版年，日本国会图书馆"书志情报"所标"出版年"为"1900"。 石川祯浩在《梁启超与文明的视点》一文中注释该书的出版年为"1898"，参见狭间直树《梁启超・明治日本・西方——日本京都大学人文科学研究所共同研究报告》，社会科学文献出版社 2001 年版，第 117 页。 本书暂取该说。
② 笔者所见版本为日本国会图书馆电子扫描版：中西副松『スパルタの武士道』，金港堂書籍株式會社，明治三十五年（1902）七月。

其一,"有他邦一贵族妇尝语斯巴达王黎阿尼他之后曰:'惟斯巴达妇人能支配男儿。'后答曰:'惟斯巴达妇人能生男儿。'"(梁启超《斯巴达小志》,《饮冰室合集·专集之十五》,第 11 页。 以下只标同出处页码)

其二,"斯巴达妇人爱国之心最重,妻之送其夫、母之送其子以临战场也,辄祝之曰:'愿汝携盾而归来,不然,则乘盾而归来。'有一母生八子者,蔑士尼亚之战,悉死于国难,而斯巴达卒以大胜,及奏凯招魂,其母不溅一滴之泪,乃高声而祝曰,'斯巴达乎,斯巴达乎,吾以爱汝之故,生彼八人也。'当时以此名语,被诸诗歌,传为美谈。"(第 11 页)

"生男儿"和"乘盾而归"的用例也出现在【武】里,这说明中西副松与梁启超使用了相同的材料①,并且同样有以此来凸显斯巴达"尚武"精神的想法。 而这也恰恰是梁启超在材源上可以突然由【西】而转借【武】的原因所在。 也就是说,在【西】长达 718 页的历史叙述中,梁启超感受到了其中的"斯巴达"之可用。 首先,他看中的是体制方面,否则便不会有那么大篇幅的对斯巴达政治制度和社会构成的介绍。 他是想以此为依托来构想中国未来的某种体制模式。 甚至【西】中关于"人民"与"政府"关系的论述,即"政府为人民而存,而不是

---

① 铃木円指出,中西副松使用的蓝本是浮田和民的《西洋上古史》,这意味着梁和中西在写作时使用了相同的参考文本。 参见『日本における「スパルタ教育」理解』,『学苑·人間社会学部紀要』No. 892,2015 年 2 月,第 83—95 页。

人民为政府而存在"（第 246 页）也被原封不动地纳入小志最后的"新史氏曰"中来："吾闻之前世纪之哲学家曰，政府者，为人民而立者也，人民者非为政府而生者也。"（第十八页）其次，他通过【西】关于斯巴达教育和战争表现方面的叙述，也强烈感受到了"尚武"和"爱国"。这是他要从自己所读到的"斯巴达"那里提取"制度"与"精神"的动机。就在进行这一作业的过程中，中西副松的【武】为他提供了一个立意相同因而也是求之不得的关于"斯巴达武士道"的文本。这使得梁启超在《斯巴达小志》中毫无违和感地实现了前后不同材源的无缝对接。人们甚至会不知不觉地跟着梁启超把对"武士"的关注转移到对"武士之母"的关注上来。

梁启超对前引斯巴达"妇人"的例子"其一"评论道："夫妇人亦孰不产男儿，而后之为此言也。盖以必如斯巴达之男儿，乃真男儿也。又以斯巴达之男儿，无一人而非男儿也，故其妇人皆以代一国产育勇壮之国民，为修身大事业。"（第 11 页）

对"其二"亦"案"道："读斯巴达史而不勃然生尚武爱国之热情者。吾必谓其无人心矣。吾尝读杜诗曰：'爷娘妻子走相送，尘埃不见咸阳桥。牵衣顿足拦道哭，哭声直上干云霄。'……读之未尝不嗒然气结，黯然魂伤也。夫同一送子也，同一死难也，而此斯巴达妇人之言，何其悲壮淋漓，使千载下读之犹凛凛有生气也。呜呼，以二万万堂堂须眉，其见地曾无一人能比斯巴达之弱女耶！呜呼！"（第 11 至 12 页）而且还尤嫌不足，接着"又案"了三个斯巴达女子的"爱国美谈"（第 12 页）。这样就使"斯巴达之弱女"一跃而成为小志中的主角，其以"巾帼"唤起"须眉"的用意昭然若揭。"尚武"的重心，"不徒在男子也，而尤在妇人"（第 11 页），这种切换发生在第五节之后，也就是发生在读到了【武】之后。很显然，梁受到了后者的影响。中西把斯巴达武士道作为"他山之石"（自序），却并不从斯巴达武士的"勇武谈"起笔，而是从他们败绩起笔，也就是采用了欲扬先抑的笔法。因此读者首先看到的是从"皮罗般尼梭战争"（公元前 432 至前 404 年）第七年所截取的一个场面：斯巴达败给雅典，那些理应在战场上殉国的武士，竟有 292 人向雅典人投降，第二天早晨，作为俘虏的他们被押送到雅典。

【译文】不是说"斯巴达女人生斯巴达勇士"吗？忠勇义烈的斯巴达妇人，尤其是那些名门贵妇，她们是以何等慷慨激昂的态度听取这可耻的投降消息？史家并未详细告知吾人，然而想象的自由仍不能不让吾人在事隔数千年的今天，为斯巴达妇人当时的心境，洒下一抔同情的热泪！（第 4—5 页）

中西是想借此说明武士道的衰败给国运带来的影响。但他又说："吾人不想谈斯巴达的黑暗面，愿读者跟着吾人把眼睛转向他们的光明面"（第 6 页），于是在他"想像的自由"当中，便走出了"光明面"的"斯巴达妇人",以至成为"斯巴达武士道"的主人公。 她们是"尚武"的灵魂,是造就武士之母。这种笔法具有强烈的塑造性和诉诸力。 前面提到,关于"斯巴达",中西与梁启超共享内容相同的底本。 上述场面出现在《西洋上古史》的第 486—487 页。 梁启超没有使用这个材料,但接受并沿袭了中西的"巾帼不让须眉"的文脉。 正可谓心有灵犀。 顺附一句,《斯巴达小志》第八节对斯巴达"缺点"的概括,也几乎来自中西,尤其是不重视智力培养,轻蔑知识和文学,导致保守和暗于大局等,完全沿袭了中西对斯巴达的批评。 说得极端些,如果没有《斯巴达武士道》,也就真不知《斯巴达小志》该如何收尾了。

八、 从《斯巴达小志》到《斯巴达之魂》

1902 年 4 月初到日本的周树人,显然读到了连载于同年 7、8 月份《新民丛报》上的《斯巴达小志》。 甚至不妨说,对于不谙日语和缺乏历史知识的他来说,前面介绍过的"政治小说"和《斯巴达小志》都可能是他了解斯巴达的最早教材,不过相比之下,后者在同时期确切的知识来源方面具有排他性。在《斯巴达小志》发表之前,在《新民丛报》上提到斯巴达的只有两个人,一个是"中国之新民"即梁启超,另一个是奋翮生，前者撰文《论教育当定宗旨》（第一、二号），后者作《军国民篇》（第一、三、七号），不过都是零星的"斯巴达"，到了《斯巴达小志》发表，情形大变，"斯巴达"一词仅在这一篇文章的两期连载中就出现一百九十次，不仅一举在汉语中固定了"斯巴达"这一词语，也在汉语中首次以史论的形式塑造了"斯巴达"形象。可以说，就中国近代导入"斯巴达"而言，《新民丛报》是最大的知识源，而梁启超更是无人出其右的第一人者。梁启超之后，汉语圈才有"斯巴达"一词和"斯巴达"话语。"斯巴达"在《申报》上首次出现，是"光绪二十八年九月十六日"，即同年十月十七日；前面提到的以博文馆《希腊独立战史》为底本的上海广智书局译本《希腊独立史》出版于"光绪二十八年十一月初五日"，即同年十二月四日，而且仍沿用了日文原书的字样："斯巴尔达"，两者都晚于梁启超和《新民丛报》。值得注意的是周树人此后的用语选择，他使用了源自梁启超的"斯巴达"，而并没使用"斯巴尔达"或其他。事实上，除了"德尔摩比勒战役"之外，《斯巴达小志》几乎包含了当时在汉语圈所可以议论的关于"尚武"和"巾帼"的所有要素，而这些应该是当时包括周树人在内的留学生们关于"斯巴达"知识的基本背景。例如，不妨再来看一下前面引用过的留学生们发给袁世凯的电文里的一段话，以此可观察留学生们与《新民丛报》、梁启超的互文关系。

　　昔波斯王泽耳士以十万之众，图吞希腊，而留尼达士亲

率丁壮数百扼险拒守,突阵死战,全军歼焉。至今德摩比勒
之役,荣名震于列国,泰西三尺之童无不知之。夫以区区半
岛之希腊,犹有义不辱国之士,可以我数百万里之帝国而无
之乎?①

最后一句"夫以区区半岛之希腊"的对比性修辞法,可看
作是对《斯巴达小志》"若斯巴达者,以此区区之众……"的摹
写,《浙江潮》第一期《国魂篇》以"导源于希腊而盛行于今"
的"武士魂"和"大和魂"等为"铸国魂之法"②,第五期《浙
风篇》"日本以武士道骄于人"③等论调,都与同一时期的梁启
超和《新民丛报》完全一致。唯一不同的,是以"德摩比勒之
役"作为话题。不过,在当时的留学生当中,对"斯巴达"和
"德摩比勒"究竟有多大程度的认知也的确是个问题。虽然
《新民丛报》上有"军国民主义昔滥觞于希腊之斯巴达,汪洋
于近世诸大强国,欧西人士,即妇孺之脑质中,亦莫不深受此
义"④的说法,而上引电文里也模仿这种口吻说"泰西三尺之
童无不知之",但其实也不难从中看出他们关于斯巴达的知识
是多少有些模糊的。第一,以笼统的"希腊"代替具体的"斯

①《留学界纪事·(二)拒俄事件》,载《浙江潮》第四期,第135页。该事参见
　鲁迅博物馆编《鲁迅年谱》(增订本)第一卷,人民文学出版社2000年版,第
　100—101页;第107—108页。
②参见《浙江潮》第一期,1903年2月17日,第8—9页。
③参见《浙江潮》第五期,1903年6月15日,第19页。
④奋翮生:《军国民篇》,载《新民丛报》第一号,第80页。

巴达",说明他们还缺乏聚焦"斯巴达"这一具体对象的意识和视点,事实上,除"自树"的《斯巴达之魂》一篇之外,在全部十期《浙江潮》上竟没有出现"斯巴达"字样。 第二,也暴露出他们去了解"德摩比勒"时所据材源有限——基本局限于以汉字作为固有名词表记的那些文献。 例如,上文中的固有名词"泽耳士""德摩比勒"的汉字表记见于文部省编《希腊史略》卷三(1875),"留尼达士"见于西村茂树编《万国史略》(标作"留尼达",1875)和冈本监辅著《万国史记》卷六(标作"留尼达",1879)。 通过这些读物,不难看到"德摩比勒之役"的主角其实是同一本书中表记的"斯巴尔达王"或"士巴尔达王""留尼达士"及其麾下的武士,但电文中"德摩比勒之役"的主角却并没能由广角的"希腊"而聚焦到"斯巴达"上来。而反过来也可以说,在《浙江潮》,在东京的中国留学生界,甚至在整个华文言论圈当中,《斯巴达之魂》不仅是第一篇以斯巴达武士为题材创作的小说,也是当时以汉语详细讲述"德尔摩比勒"战役的唯一文字作品,是对梁启超《斯巴达小志》中并未讲述的该战役的完整补叙,当然也是对前者所强调的斯巴达人尚武精神的强有力凸显和艺术升华。 就这样,周树人一出手就做了一件独一无二的事。

如前所述,不论是"温泉门勇士"还是"斯巴达女子",都令周树人大为感动。 他更要将两者合二为一,从而去感动更多的人。 这便是《斯巴达之魂》小序所强烈表达的那种写作抱负。 也就是说,这篇为"斯巴达"的招魂之作,是明写"斯巴达军队之精神"（梁启超，第 10 页）而暗颂"巾帼"之刚烈。
所谓"迄今读史，犹懔懔有生气也"，也恰恰是梁启超在小志中
赞美"斯巴达妇人之言，何其悲壮淋漓，使千载下读之犹凛凛
有生气也"（梁启超，第 12 页）的复唱之音。

女主人公"涘烈娜"，完全是周树人杜撰出来的人物。当
丈夫因患眼疾从战场生还回家时，她大为惊讶和愤怒，有以下
两段话：

> 少妇惊且疑。久之久之乃言曰："何则……生还……污
> 妾耳矣！我夫既战死，生还者非我夫，意其鬼雄欤。告母国
> 以吉占今，归者其鬼雄，愿归者其鬼雄。"（《斯巴达之魂》，第
> 13 页）
>
>   *   *   *
>
> 少妇曰，"君非斯巴达之武士乎？何故其然，不甘徒死，
> 而遽生还。则彼三百人者，奚为而死？噫嘻君乎！不胜则
> 死，忘斯巴达之国法耶？以目疾而遂忘斯巴达之国法耶？
> '愿汝持盾而归来，不然则乘盾而归来。'"（同上，第 14 页）

最后，"涘烈娜""伏剑于君侧"，拔剑自刎，以死谏其夫君
重返战场。"惟斯巴达女子能支配男儿，惟斯巴达女子能生男
儿"（小志："惟斯巴达妇人能支配男儿"，"惟斯巴达妇人能生
男儿"），"愿汝持盾而归来，不然则乘盾而归来"（小志："愿
汝携盾而归来，不然，则乘盾而归来"），不妨说，"涘烈娜"就

是为说这两句话或演绎这两句话而登场的，用以呼唤那些"不甘自下于巾帼之男子"，而这也正是《斯巴达小志》中"呜呼，以二万万堂堂须眉，其见地曾无一人能比斯巴达之弱女耶！ 呜呼!"（第12页）之召唤的来自"德尔摩比勒"战场的回声。同时，也是在"想象的自由"里，对前述中西副松关于"斯巴达妇人之心境"之问的现实版补充：这回不是仅仅听到斯巴达武士被俘的消息，而是从战场上了逃亡回来的武士直接出现在了"斯巴达妇人"面前。

九、 周树人的"斯巴达"取材

就这样，周树人在《斯巴达小志》的基础上创作了他的《斯巴达之魂》。 与《斯巴达小志》相比，周树人做了两项前者没做的工作，一项是阅读关于"德尔摩比勒之战"的记载，并收集相关逸事，另一项是把梁启超"心像"中的"斯巴达妇人"打造成代表"斯巴达"的巾帼形象。 周树人以此完成了他对斯巴达的重构。 这一点可以从他的阅读取材和创作发挥之间清楚地看到。

关于《斯巴达之魂》的创作取材问题，这里要略作一点说明。 在研究者当中，历来存在着该作品是"创作"还是"翻译"的争论。 这一问题的解决，当然首先需要弄清素材的来源。因为只有弄清什么是素材，才有可能从中辨析出哪些地方是周树人的创作。过去材源调查的着眼点，基本按照这个思路来进行，也取得了某些阶段性成果，即除了提示某种调查范围和调查线索外，还出示了某些疑似性材源。这方面的研究主要以樽本照雄①和森冈优纪②的调查论文为代表。不过，笔者认为，仅仅以"鲁迅"为核心展开平行对比式的材源调查，似乎已经走到了极限。因为仅仅拘泥于单篇作品框架内的文本比较，会有大量的"相似性"或"近似性"的文本出现，无论哪种看上去都会令人觉得或许有关联，却都又无法坐实，到底是哪种确实有关联。在此前提下，笔者提出了一种不同维度上的调查构想和设计。即不把"斯巴达"仅仅看做周树人《斯巴达之魂》单篇作品中的孤立现象，而是将其作为整个近代知识和思想传播中的一个环节来看待。在这一观察维度下，《斯巴达之魂》不再是"鲁迅研究"中的一篇早期习作，而呈现为一个精神史过程的到达点，其既是对此前知识和思想传播的承接和反馈，也是对周围诸种言说的凝聚，多重文本交叉之大观，亦由此而清晰地浮出水面。笔者在解读的过程中，使用文本或与先行研究所使用文本有某些交叉，但由于解读维度和读取方法的不同，所获得的结果也就大不一样。关于笔者此项调查之详

---

① 樽本照雄：《关于鲁迅的〈斯巴达之魂〉》，岳新译，载《鲁迅研究月刊》2001年第6期。
② 森冈优纪：《明治杂志与鲁迅的〈斯巴达之魂〉》，森时彦主编《二十世纪的中国社会》下卷，袁广泉译，社会科学文献出版社2011年版。

情，请参阅前述计划另刊的《从"斯巴达"到"斯巴达之
魂"——"斯巴达"知识和思想传播中的梁启超与周树人》
一文。

话题回到周树人的取材与创作情形上来。

首先，从笔者的调查结果来看，在关于"斯巴达"和"德
尔摩比勒之战"的知识方面，梁启超和周树人交叉拥有材源。
前面提到，浮田和民的《西洋上古史》，是梁启超和中西副松的
共同蓝本，而梁启超在以《西洋上古史》为蓝本的同时，也以
《斯巴达武士道》为蓝本。 这两个版本也都是周树人收集素材
时所使用的。 这里还有必要提到，浮田和民在出版《西洋上古
史》后，又于 1902 年 10 月出版了《稿本希腊史》[①]，但内容与
《西洋上古史》中的"希腊史"完全相同。 也就是说，从出版
时间上看，《稿本希腊史》不会是梁启超的蓝本，却有可能是周
树人的材源蓝本。 因此在考察周树人的素材来源时，笔者也把
《稿本希腊史》和《西洋上古史》同等看待，认为周树人至少
读过其中的一种或者两种都读过。

比如说，有一个地名出现在"涘烈娜"与丈夫的对话里：
"妾将娩矣，设为男子，弱也则弃之<u>泰噶托士之谷</u>……"梁的
《斯巴达小志》仅以"委弃诸山中"来处理，但周树人却明确
标出地名："泰噶托士之谷"。 这个地名不是随便编的，而是有
底本依据，即浮田和民的《上古西洋史》或《稿本希腊史》当

---

① 浮田和民：『稿本希臘史』，早稻田大学出版部，明治三十五年（1902）版。

中的至少一种，因为两书记载相同：「スパルタ人の生るゝ
や、検察官先づ其の體格を精察し、不可とするときは之を<u>タ
イーゲトス</u>の山中に委棄せしめたり」①【译文：斯巴达人出
生，检察官会首先精察其体格，判断为不合格者会被委弃于泰
噶托士山中】"泰噶托士"是"タイーゲトス"的正确音译。
在目前已经比对的十几种文献中，除了尺秀三郎的《新编实用
教育学》提到该地名"タイゲトス（taygetos）"②外，没有发
现其他文献有关于该地名的记载，因此在材源上具有排他性，
即周树人也同样阅读了梁启超曾以之作为蓝本的浮田和民的著
作。 浮田和民以上两书对"セルモピリーの戦"（即德尔摩比
勒之战）有内容相同的记载，因此也就可以断定，浮田和民关
于这场战役的记述及其在记述的末尾所交代的因"眼病"而生
还于"德尔摩比勒"后来又战死在"浦累皆"的"亚里士多
德"，是《斯巴达之魂》的材源之一。"德尔摩比勒"之战的材
源是通过"读史"，即通过正史的记载所得。

　　除了浮田和民的"希腊史"之外，在周树人所阅读的正史
资料当中至少还应包括桑原启一编译的《新编希腊历史》③。
与浮田和民相比，这部希腊史对"德尔摩比勒之战"的记载更
加详细。 可以说很多关于战场的素材都是从这个文本中剪裁下

---

① 参见浮田和民『西洋上古史』第 240 页或『稿本希臘史』第 53 页，两书记载完
　 全相同。
② 尺秀三郎：『新编實用教育學』，大日本圖書株式會社，明治二十九年（1896）
　 一月出版，明治三十年八月第四版，第 75 页。
③ 桑原啓一：『新编希臘歷史』，经济雑誌社，明治二十六年（1893）十月。

来并且重组的。 例如，波斯人走"间道"抄了斯巴达人后路的消息，在《斯巴达之魂》里是这样送来的："而果也斥候于不及防之地，赍不及防之警报至"（第 10 页）。 关于"斥候"一词，《鲁迅大辞典》解释为"侦察敌情的士兵"并从《尚书》等典籍里查找词源①，都并不错，不过周树人直接看到的应该是日文里所出现的"斥候"：

「レヲニダスは其の夜ペルシヤの陣中より逃がれ來りし及び自分が山上に派出したる斥候の報に由りて早くもペルシヤの分遣隊間道を踰ゆることを知れり」②
【译文:当天晚上,黎河尼佗接到从波斯阵中逃来的人和自己派到山上的侦察兵的报告,获悉波斯分遣队早已越过了间道】

又如，就在这是撤，还是战的紧急时刻：

黎河尼佗爰集同盟将校,以议去留,金谓守地既失,留亦徒然,不若退温泉门以为保护希腊将来计。黎河尼佗不复言,而徐告诸将曰,"希腊存亡,系此一战,有为保护将来计而思退者,其速去此。惟斯巴达人有'一履战地,不胜则

---

① 《鲁迅大辞典》，人民文学出版社 2009 年版，第 299 页。
② 桑原啓一：『新編希臘歷史』，第 120 页。

死'之国法，今惟决死！今惟决死战！余者其留意。"（《斯巴达之魂》，第 10 页）

　　レヲニダスは諸將を會して軍議を聞きしに、多數の論は前後に敵を受けては、最早之を防ぎ難たければ、若かず此所を退き、希臘將來の安全の為めに生命を保存せんにはと云ふにありき、然れどもレヲニダスは退くことを辭めり、スパルタの國法はスパルタ人敵に勝たざる時は其場に戰死すべきことを令せり故にレヲニダスは國法を遵奉し三百のスパルタ人と共に踏止まりて戰死せんと決心し

　　【译文：黎河尼佗召集众将领开军事会议。多数人认为，前后受敌很难防卫，莫如从这里撤退，为希腊将来之安全保存生命。然而黎河尼佗辞退此议。斯巴达国法命令斯巴达人在不能战胜敌人时，必须战死沙场。故黎河尼佗决心尊奉国法，和三百斯巴达人一同留下战死】①

通过比较不难发现，《斯巴达之魂》不仅完整保留了这段历史资料，还以"今惟决死！ 今惟决死战！"递进句凸显黎河尼佗的气概。 不仅如此，所谓"为保护将来计而思退"的议论在留学生中似颇有共识，甚至在成立"拒俄义勇队"的会场上就有

---

① 桑原啓一：『新編希臘歴史』，第 120 页。

"待我学成归国，再议办法"①的建议，周树人使用这段素材时有意两次提到"为将来计"，想必是有感而为之的操作。 由于"为将来计"的讨论不见于其他文本，所以哪怕仅凭这一点也可以确定《新编希腊历史》是用以作为史实参照的另一"读史"文本。

关于"德尔摩比勒之战"，周树人的取材态度是严谨的，取材范围分别见于《西洋上古史》第 372 至 376 页（以下简称"西"）、《稿本希腊史》第 185 至 189 页（以下简称"稿"）、《新编希腊历史》第 112 至 122 页（以下简称"新"），并忠实于这些文本所提供的史实框架。 这从译名的处理上可以获得充分印证。 兹按作品中出现的译名（右侧）顺序，排列如下：

西・稿：波斯	新：ペルシヤ	波斯
西・稿：ザークシース	新：ゼルクゼス	泽耳士（王）
西・稿：セルモピリー	新：セルモピリー	德尔摩比勒
西・稿：スパルタ	新：スパルタ	斯巴达
西・稿：レオニダス	新：レオニダス	黎河尼佗（王）
西・稿：プラテーエー	新：プラチヤ	浦累皆（之役）
西・稿：エーギーナ島	新：エジヤイナ島②	依格那（海上）
西・稿：	新：マリス	摩利逊（之湾）
西・稿：不死隊	新：不滅軍	不死军

———————

① 《留学界纪事・（二）拒俄事件》，载《浙江潮》第四号第 131 页。
② "エーギーナ島"或"エジヤイナ島"，出现在"德尔摩比勒之战"后的海战记载中，参见西：第 384 页、稿：第 197 页、新：第 132 页。

西・稿: セッサリー、　　新:（マリス）　　　　奢刹利（人）
獨テッサリエン

西・稿:　　　　　　　　新: エフヒアルテス　　爱飞得（人名）

西・稿: イータ「オイタ」新:　　　　　　　　衣驮（山）

西・稿:　　　　　　　　新:　　　　　　　　佛雪（守兵）

西・稿: ペロポン子サス　新: ペロポンニーソス　胚罗蓬（诸洲）

西・稿: フオーキス　　　新: フオーキス　　　访嘻斯（人）

西・稿: ロークリス　　　新: ロクリス　　　　螺克烈（人）

西・稿: セスピエー　　　新: セスピエ　　　　刹司骇（人）

西・稿:　　　　　　　　新: シープス　　　　西蒲斯（人）

西・稿:　　　　　　　　新:　　　　　　　　（预言者）息每卡

西・稿:　　　　　　　　新:　　　　　　　　爱尔俾尼（之邑）

西・稿: タイーゲトス　　新:　　　　　　　　泰噶托士（之谷）

西・稿: アリストデーモス 新: アリスデマス　　亚里士多德

西・稿:　　　　　　　　新: ボーサニアス　　柏撒纽（将军）

西・稿: ユーロータス（河）新: ユーロタス（の谷）①侑洛佗士（之谷）

　　由以上列表可见，在《斯巴达之魂》中出现的二十四个名词中，可与浮田文本对得上的有 17 个，可与桑原文本对得上有 19 个，两者交叉可对接 21 个，整体对应率为 87.5％。 如此之高的固有名词对译覆盖率，在同时期的其他文本中是见不到的，所以以上三书，在所有材源中所处史实框架位置确定无

_____

① “ユーロータス（河）”或“ユーロタス（の谷）”，该地名没有出现在“德尔摩比勒之战”的记载部分，而是出现在斯巴达地理位置的介绍部分。 参见西: 第 226、241 页；稿: 第 38、39、47 页；新: 第 31 页。

疑。 周树人的"斯巴达"故事，就是在严格遵守"德尔摩比勒之战"史实框架的基础上重构的。

十、 周树人的"斯巴达"重构：从心像到形象

除此之外，周树人还从前述文部省编译《希腊史略》卷三撷取"预言者"、两个"王戚"（第 29—30 页）和"爱尔俾尼之邑"（第 32 页）的"逸事"，并以极具感染力的铿锵有力的语言予以文学重构。 请看以下两个例子。

　　レヲニダスハ此總軍ノ中ニ就テ強メテ三者ノ命ヲ全セント欲ス其二人ハ己ノ戚屬ニシテ一人ハ往時高名ナル讖言者ノ後ンシテ其名ヲメギスチアスト稱スル者ナリメギスチアスモ亦占者ニシテ讖言ヲ善クセシト云フ〇然レ圧メギスチアスハ自ラ去ルㄱヲ欲セス我ト共ニ名家ノ絕エンヲ悲シミ其子ヲ揮シテ去ラシメ獨リ留リ國ノ亡フルヲ見テ生ンヨリハ寧ロ之ニ死セント決心セリ
　　レヲニダスノ親屬モ亦脱去スルヲ屑トセス是ニ由リレヲニダスハ此二人ニ命スルニ書信ヲ士巴爾達ニ遞シ且語言ヲ傳フルヲ以テス其一人之ニ應シテ曰ク我ハ兵器ヲ執テ敵ニ抵シ為此ニ來レリ書信ヲ士巴爾達ニ達スル為メ

來ルニアラスト又一人曰ク書信ヲ以テスル勿レ士巴爾達
ノ人我カ為ス所ヲ見ハ其聞カント欲スル所ハ自ラ之ヲ知
ランノミト①

【译文：在全军当中，黎河尼佗最想保全三人性命。其
中二人是他的亲属，一人是往时著名预言者之后裔，名字叫
息每卡（每息卡，メギスチヤス）。息每卡也是占卜者，善神
诚云。然而息每卡不愿自己离去，却又为名门血统将随自
己一同断绝而悲伤，遂把自己的儿子打发回去而自己留下
来，决心与其亡国而生，莫如以死殉国。

黎河尼佗的亲属也不屑撤离，于是黎河尼佗命令二人
把信函送抵斯巴达并传递口信。其中一人回答道："我执兵
器为抗敌而来，不为给斯巴达送信而来。"另一人说："没必
要送信过去，如果斯巴达人想知道我们在做什么，他们自己
会知道。"】

这段记载进入《斯巴达之魂》后。虽然增添了大量文学渲染，
但还是清晰地留下了底本的痕迹。

呜呼全军，惟待战死。然有三人焉，王欲生之者也，其
二为王戚，一则古名祭司之裔，曰预言者息每卡而向以神诚
告王者也。息每卡故侍王侧，王窃语之，彼固有家，然彼有

---

① 文部省：『希臘史略』卷之三，明治八年（1875），第29—30页。

子，彼不欲亡国而生，誓愿殉国以死，遂侃然谢王命。其二王戚，……（略）……厉声答王曰，"王欲生我乎？臣以执盾至，不作寄书邮。"志决矣，示必死矣，不可夺矣。而王犹欲遣甲，而甲不奉诏；欲遣乙，而乙不奉诏。曰，"今日之战，即所以报国人也。"（《斯巴达之魂》，第十一页）

通过这样的对照可以确知，"王之二戚"和"预言者"的材源来自《希腊史略》卷三，周树人在写作时查阅了这套 28 年前出版的书。

关联证据还有另外一个，那就是接下来所要讨论的"爱尔俾尼"这个译名。在《斯巴达之魂》里，这是因患眼病而未去参战的两个斯巴达武士的疗养之地。有研究者指出这个地名"只在"涩江保《希腊波斯战史》中出现过，却未做具体讨论①。其实该地名在《希腊史略》卷三里也出现了。笔者并不排除"鲁迅"读过《希腊波斯战史》的可能性，不过经过对比基本可以确证，《希腊史略》里出现的"爱尔俾尼"与《斯巴达之魂》有着无限接近的距离。

士巴爾達人ノ軍中人の者アリ眼病ヲ患ルニ因テアルペニニ赴キ此戰鬥ノ時陣ニ在ラス波斯兵ノ來侵スル聞キ

---

① 森冈优纪，第 418 页注释："另外，亚里士多德疗养眼疾之地'爱尔俾尼'，只在涩江保《希腊波斯战史》中曾经出现，鲁迅有可能读过这本书。"

其一人ハ従者ニ命シテ戰場ニ誘導セシメ其地ニ來リ國ノ殘兵ト死ヲ共ニセリ他ノ一人ハ怯心ヲ生シテ逃走ス然レ𪜈士巴爾達ニ歸ルニ及ヒ國人之ヲ視ル傳染時疫ニ染ミタル人ノ如ク皆之ヲ避ケテ敢テ辭ヲ交ヘス又竈ヲ共ニセズ恇怯ノ名ヲ負フ後日事アルニ當リ前罪ヲ償フニ足ル行狀ヲ顯ハスニ至ル迠ハ决シテ復國人ノ親愛ヲ得ル能ハサリシナリ①

【译文:斯巴达人之军中有二人因患眼病而赴爱尔俾尼(アルベニ),此战斗之时,不在阵中。闻波斯兵来侵,其一人命从者诱导至战场,在那里与同国残兵一同战死。另一人因心生胆怯而逃走。但当他回到斯巴达,国人视他如同染上传染病之人,皆避之不迭,不交一语,不共一灶,令其背负胆怯之名,而不能复得国人之亲近,直到日后其足以彰显抵消前罪之行状为止】

这段记述,到了《斯巴达之魂》里,淡化了胆怯,强化了英勇,有着强烈的文学效果。

然未与此战者,犹有斯巴达武士二人存也;以罹目疾故,远送之爱尔俾尼之邑。于郁郁闲居中,忽得战报。其一欲止,其一遂行。偕一仆以赴战场,登高远瞩,呐喊盈耳,踊

① 文部省:《希臘史略》卷之三,明治八年(1875),第32页。

> 跃三百,勇魂早浮动盘旋于战云黯淡处。然日光益烈,目不
> 得瞬,徒促仆而问战状。(《斯巴达之魂》,第 12 页)

就此, 有研究者根据"赫罗德托斯"(希罗多德)《历史》记载,
认为"鲁迅只记述了那个投身战场"者的事迹,"而省略了他的
名字", 言外之意是出于"鲁迅的创作", ①其实也倒未必。 因
为如上所见, 原素材里原本就没有二人的名字。 而对于这段素
材的处理,"鲁迅的创作"不在于写不写当事者的名字, 甚至也
不在于那个命令仆人带领自己奔赴战场的武士, 而是体现在对
仆人的处理上: 接下来, 仆人回答目疾主人对于战况的询问,
而作品也以此把仆人推升到与主人同等的"连袂"位置。

> 刃碎矣! 镞尽矣! 壮士歼矣! 王战死矣! 敌军狷集,
> 欲劫王尸,而我军殊死战,咄咄……然危哉,危哉! 其仆之
> 言盖如是。嗟此壮士,热血滴沥于将盲之目,攘臂大跃,直
> 趋战垒;其仆欲劝止,欲代死,而不可,而终不可。今也主仆
> 连袂,大呼"我亦斯巴达武士"一声,以阗入层层乱军里。
> (《斯巴达之魂》,第 12 页)

"我亦斯巴达武士"! ——这样, 连仆人都如此"斯巴达"的效
果就出来了。 这种笔法, 与后面登场的比男人"更男人"的

---

① 前出樽本照雄, 第 42 页。

"涘烈娜"的形象塑造，完全一脉相承。 在涩江保《希腊波斯战史》中，有"爱尔俾尼"地名的记载，而且两个眼病患者也有名有姓，一个叫"尤里塔司"［ユーリタス（Eurytus）］，一个叫"亚里士多德"［アリストデマス（Aristodemus）］，两个人的事迹记载比《希腊史略》稍详，但内容基本相同，最大的不同点是涩江保特意为那个"从仆"加了一个括号作为注释："（但シ從僕ハ逃レ歸レリ）【但仆人逃回去了】"①。 这就与周树人的创作意图完全相反了。 不过，这样说并不意味着否定"鲁迅也可能读过"《希腊波斯战史》，而是认为与"西、稿、新"三书和《希腊史略》等基本依托相比，在记述方面繁杂而多岐的《希腊波斯战史》作为"掇其逸事"层面的材源的可能性更大。 诸如关于"温泉门"的详细说明（第142—143页）和"不死軍隊"（第164页）也都可能是周树人的知识来源。

　　就是在诸如上述的铺垫下，"柏撒纽"将军在作品的最后登场了，他是最终决定为女主人公"涘烈娜"树碑的关键人物。关于这个人物是否有材源，到目前为止没有讨论。② 事实上，此人亦非凭空杜撰，而同样有史料依据。 该译名是"ポーサニアス"的音译，出自《新编希腊历史》第149至150页。 文中记述了他对双方战死者的处理，也交代了"亚里士多德"。

---

① 澀江保：『希臘波斯戰史』，第175页。
② 前出樽本照雄，讨论了此人言动如何不符合常理，而没有讨论是否有材源。 参见第43页。

ポーサニヤスの大量

希臘軍今や戰爭の殘務として死骸の取片附と分捕物
の分配に着手せり或人ポーサニヤスに對してゼルクゼス
曩に於てスパルタ王レオニダスの死骸に侮辱を加へたれ
ば、復讐としてアルドニアスの死骸を串に貫きて辱かし
めよと勸告せしに、ポーサニヤスは戰死したるペルシア
人を犧牲としてレオニダス外戰死せし諸勇士の靈を慰む
るに餘りありとて其言を斥けしかば、人々ポーサニヤス
の大量に感服したりき、

アリストデマスの戰死

又スパルタの戰死者中セルモピリーの戰爭に同國人
と共に戰死せずして逃歸えいたるアリストデマス云ふ者
ありき、スパルタ人は憶病者を以て彼を呼び共に齒する
者あらざりしかば、彼は、プラチヤの一戰で恥辱を雪がん
と獨り隊伍を離れて敵中に進入し花々しく戰って陣歿せ
り、然るに嚴格なるスパルタ人は戰後其の戰死者を葬る
に當り、アリストデマスが軍律に背き拔けがけして戰死
せしことは彼が前罪を償ふに足らずとて他の戰死者と同
一の名譽を與へざりしと云ふ①

译文：

【柏撒纽之宽宏大量

---

① 桑原啓一：『新編希臘歷史』，第149—150页。

今也，作为战争余下的事务，希腊军把掩埋尸体和分发缴获物交给年轻人去做。有人向柏撒纽进言，泽耳士在德尔摩比勒曾对黎河尼佗的尸骸加以侮辱，所以也应该复仇，把马尔德尼亚斯的尸体串起来羞辱。柏撒纽斥责道，战死的波斯人作为牺牲，已足以慰藉黎河尼佗及其诸位勇士之灵。众人都对柏撒纽的宽宏大量感到佩服。

亚里士多德之战死

又，在斯巴达战死者中。有在德尔摩比勒战争中没跟国人一同战死而逃回来的人，名字叫亚里士多德。斯巴达人称他胆小鬼，以作为不齿者。他想在浦累皆一战中雪清耻辱，只身离队，冲入敌阵，辉煌作战，殁于阵中。然而，当严格的斯巴达人在战后埋葬其战死者之际，认为亚里士多德违反军纪，其战死不足以抵偿前罪，故并不赋予他与其他战死者同样的名誉】

但是到了《斯巴达之魂》里，这两段内容合二为一，做了文学处理，"柏撒纽之宽宏大量"被移植到如何对待"亚里士多德之战死"上来：

将军欲葬之，以询全军；而全军哗然，甚咎亚里士多德。将军乃演说于军中曰：

"然则从斯巴达军人之公言，令彼无墓。然吾见无墓者之战死，益令我感，令我喜，吾益见斯巴达武德之卓绝。夫子勖哉,不见夫杀国人媚异族之奴隶国乎,为谍为伥又奚论? 而我国则宁弃不义之余生,以偿既破之国法。嗟尔诸士,彼虽无墓,彼终有斯巴达武士之魂!"(《斯巴达之魂》,第16页)

即便有此前"德尔摩比勒之战"的生还之耻,那么"浦累皆"之战的壮烈殉国还不足以抵消吗? 战死者不足以被原谅吗? 战死者没有资格被纪念吗? 作者实际是借"柏撒纽"将军之口发出了自己"读史"的感慨和评价:"彼虽无墓,彼终有斯巴达武士之魂!";同时也展开了其后终生以之为业的"国民性批判":"夫子勖哉,不见夫杀国人媚异族之奴隶国乎,为谍为伥又奚论?"。

因为有了这段文学性处理才会有作品最后为"巾帼"主人公"涘烈娜"树立纪念碑的可能。 或者说为升华"涘烈娜"才有了上面一段出自原典而效果胜于原典的铺垫。 在周树人的心目中,"斯巴达之魂"的丰碑属于这个叫作"涘烈娜"的女人。

将军推案起日,

"猗欤女丈夫……为此无墓者之妻立纪念碑则何如?"

军容益庄,惟呼欢殷殷若春雷起。

斯巴达府之北,侑洛佗士之谷,行人指一翼然倚天者走相告日,"此涘烈娜之碑也,亦即斯巴达之国!"(《斯巴达之魂》,第16页)

至此，梁启超的"斯巴达心像"，终于幻化出一个叫作"涘烈娜"的巾帼形象。 这是树立在东亚的"斯巴达妇人"的一座文学雕像，虽然是周树人的书桌之作，却大有严复移译赫胥黎时的那种"悬想二千年前"，"历历如在几下"的境界①。"斯巴达""德尔摩比勒""涘烈娜"从遥远的"古希腊"被带到了国人面前。

事实上，周树人获得了成功。 作品发表后，在同学中引起了很大反响——"'世有不时自下于巾帼之男子乎？ 必有掷笔而起者矣！'一段公认为是妙句，用笔加上密圈，传诵一时。 有的各抒己见，有的手执日文书，一边说，一边补充。"②他当时的同窗，在事隔 50 年后还这样记得。

---

① 参见鲁迅《朝花夕拾·琐记》，《鲁迅全集》第 2 卷，第 306 页。 这是文中引严复《天演论》的句子。
② 沈瓞民：《回忆鲁迅早年在弘文学院的片段》，《鲁迅回忆录（散篇）》，第 46 页。 原载 1961 年 9 月 23 日《文汇报》。

尾
声

———————

一个漫长的开始

———————

从以上关于"斯巴达"的个例分析可知，从梁启超到周树人，"斯巴达"是一个知识积累和传播的过程，也是一个"斯巴达"话语营造的过程，在这个过程中，梁启超和周树人相继完成了"斯巴达"从"心像"到"形象"的建构，为中国近代留下了一串叫作"斯巴达"的走向近代的精神足迹。

彼时的"斯巴达"，作为一种知识和思想，参与了他们关于"国民性"的话语建构。对于先行者梁启超来说，"斯巴达"不过是他传播的众多知识当中的一种，也不过是他为"中国之新民"铸造"中国魂"而导入的一种要素，但对留学生周树人来说，却是建构"国民性"话语实践的第一步。这一步不仅意味着他有一个很高的起点，更标志着他也因此获得了一个属于自己的制高点，即创作了近代文学中独一无二的以"斯巴达"为题材的文学形象，并由此而呈现出他此后"国民"形象塑造中的某些鲜明特征。

首先，是作者取材和塑造人物的着眼点。即便是对英雄之魂的讴歌，周树人并不以高大上的人物为着力点，而是以相比之下低层级的人物为着眼点，从而实现由低向高的升华，获得"连谁谁，都能做到这一步"的艺术表达效果。 例如仆人，本来是给主人带路的，结果竟"主仆联袂"，投入战斗并以死证明"我亦斯巴达武士"！ 又如，"亚里士多德"是唯一被聚焦的"温泉门"武士，却是个逃回来的人，作者从这个起点来写他最后的英勇战死。 而以死逼他重返战场的妻子"涘烈娜"，在作者的认知当中也似并非处于斯巴达社会平等地位的妇女，而是以"妾"自称的中国或东亚妇女，然而最后却以她为斯巴达荣誉的总代表。 就连想跟"涘烈娜"偷情而遭"投梭之拒"的"克力泰士"，也因"不忍没女丈夫之轶事"而战胜自己，"乃述颠末"，实现人格升华。 或曰这就是过去小说中常见的"欲扬先抑"的笔法，并不稀奇。 但其实不然。 这里讨论的是作者的着眼点。 他把期待的目光，投向几乎无法期待的对象身上，从而从中探索着某种可能。 16 年后发表的《药》和 18 年后发表的《阿 Q 正传》都是这种着眼点的集中体现。《药》里对华老栓一家的关注远远超过对革命者夏瑜的，阿 Q 则是中国社会最底层的存在。 后来的鲁迅就是这样从最低层面的人物身上提出他的"国民性"问题，以作为改革的出发点。

其次，是自觉的"国民性"批判意识。"柏撒纽"将军最后的讲话，可以说是这种意识的鲜明体现："夫子勖哉，不见夫杀国人媚异族之奴隶国乎，为谍为伥又奚论？"

又，与《斯巴达之魂》同期刊出的翻译小说《哀尘》文后附"译者曰",替受厄无告的主人公表达愤懑与不平:"彼贱女子者,仅求为一贱女子而不可得,谁实为之而令若是?"①22 年后,鲁迅发表《灯下漫笔》(1925 年 5 月)一文,控诉奴隶地位:

> 有更其直捷了当的说法在这里——
> 一,想做奴隶而不得的时代;
> 二,暂时做稳了奴隶的时代②。

可知在句式和内容上与 1903 年《哀尘》里的控诉如出一辙。

所以,就事实而言,所谓"改造国民性"的意识和文学实践早在他留学当初就有了,并不一定要等到在仙台医专的解剖学教室里看幻灯片。不过,这里要指出的是,和此后文学创作中的"国民性"体验及其庞大的话语建构相比,创作《斯巴达之魂》和翻译《哀尘》的周树人,还处在他的当时之署名所象征的"自树"的起点上,从周树人到后来的"鲁迅",还有一段漫长的精神成长之路要走,而正如同他在"斯巴达"这一阶梯上所完成的知识汲取和再生的过程一样,他在此后的文笔实践中,仍在汲取各种不同的营养并建构关于"国民性"话语的新

---

① 庚辰:《哀尘》,载《浙江潮》1903 年 6 月 15 日,第五期,第 170 页。
② 鲁迅:《坟·灯下漫笔》,《鲁迅全集》第 1 卷,第 57 页。

的文本。 斯巴达这一案例不过是告诉今天的人们这是一个相当
漫长的知识和思想积累以及文笔实践的过程。

关于后来又有哪些文本，也像"斯巴达"一样参与了鲁迅
的"国民性"话语建构，这里提示两种文本及其研究作为引申
阅读的参考。

（1）日文版

米国 アーサー、エチ、スミス 著

日本 羽化渋江保 譯

『支那人氣質』，東京：博文館，明治二十九年（1896）十
二月

英文原著

Arthur Henderson Smith，*Chinese Characteristics*，

New York：Fleming H. Revell Company. 1894

相关研究：

李冬木著：《"国民性"话语的建构——以鲁迅与〈支那人
气质〉之关系为中心》，孙江主编《亚洲概念史研究》第七卷，
北京：商务印书馆，2021 年 8 月，第 109 至 275 页。

（2）日文版

芳賀矢一著

『国民性十論』，東京：富山房，明治四十年（1907）十
二月

该书中文版：

〔日〕芳賀矢一著，李冬木、房雪霏譯注：《國民性十

論》，香港：三聯書店，2018 年 4 月

　　〔日〕芳贺矢一著，李冬木、房雪霏译注：《国民性十论》，北京：三联书店，2020 年 6 月

　　相关研究：参见以上两种译注本所附导读——

　　李冬木:《芳贺矢一的〈国民性十论〉与周氏兄弟》

后记

在词汇史和概念史的研究领域，有"一词十年"的说法。当初听有人这样说，还颇不以为然，直到做了"国民性"一词的研究之后，方知此言不虚！ 自 2005 年研究立案到现在交出这部小小的书稿《国民性》，已经整整过去了 17 年。 笔者鲁钝，又非该领域的专业人士，花费更多的时间也许都并不令人感到意外，而唯一意外的是在这一路笨拙的行进当中，竟能与那么多的同仁、师友相遇并获得指教和加持，这是让笔者最为深感荣幸的事。

立案当初，曾请教沈国威、陈力卫两位仁兄，获悉"国民性"一词尚无词汇史乃至概念史，于是由此开始着手工作，去调查该词在现代汉语中的现存实态及其词源。 在为期三年的连续工作中，最早是在石晓军会长带领下的"千里读书会"的小圈子里亮相课题和讨论初步成果，此后正式提交了两份研究报告:《"国民性"一词在中国》(佛教大学《文学部论集》第九十一号，2007 年 3 月 1 日)、《"国民性"一词在日本》(同，第九十二号，2008 年 3 月 1 日）。 这两份报告的内容获得了诸多同仁、朋友们的鼓励和好评。 相继应邀做多次报告，其中最为印象深刻的是应内田庆市教授与沈国威教授之邀在关西大学、应潘光哲教授之邀在台湾"中央研究院"的报告，通过这两场报告，笔者获得了关于该课题的诸多宝贵的意见。 此间，承蒙《东岳论丛》副主编曹振华女史推荐，山东师范大学李宗刚教授重新编辑，修订版亦在《山东师范大学学报》全文转载，又经潘光哲教授推荐，秀威资讯科技股份有限公司郑伊庭女史编辑，收录于《鲁迅精神史探源：个人·狂人·国民性》（2019 年 5 月）一书当中。

此次更蒙南京大学学衡研究院孙江教授不弃，邀请参与丛书写作，使笔者有机会在此前到达点的基础上把近年来研究的最新所得增加进来，从而构成本书内容的一半。 具体而言，就是为"国民性"话语在 20 世纪初的建构，提供了一个处在生成现场的个案研究："斯巴达"作为一种外来知识和思想，如何通过梁启超的《斯巴达小志》和周树人（鲁迅）的《斯巴达之魂》，介入了他们的"国民性"话语建构，而他们之间及其周围所呈现的多重文本交叉景观亦自不待言。 笔者认为，词汇史和概念史研究当然是切入思想史或精神史的契机和入口，却不能代替思想和精神过程本身的研究，此次所增加的案例分析，是笔者的一次尝试。 也许这一步迈得不到位或者干脆不对，笔者愿以此作为行进时的一个标记，将其埋在路边，若能提示来者少走弯路，幸莫大焉。

最后，还要特别提到书后所附《索引》，我的同事杨韬准教授帮助我完成条目的编排，出版社和制版公司又花了许多时间，相信这项繁琐的工作在为本书溯源提供文献性支撑的同时，亦会使读者获益。 在此，谨向以上各位以及赐予各种宝贵意见、提供各种帮助和支持的朋友们致以衷心的感谢！ 没有诸位的关照，便不会有这一册小书的面世。

2021 年 8 月 31 日初稿

2022 年 1 月 29 日修订

于京都紫野

附表

『近代用語の辞典集成』中"国民性"与"ナショナリティー"一覧表

巻	年份	辞典名	漢字形態	外来語形態
26	1913	文學新語小辞典	―	ナショナリティー
25	1914	外来語辞典	―	ナショナリチー（Nationality）［英］
1	1918	現代新語辞典	こくみんせい国民性	ナショナリティー
4	1919	模範新語通語大辞典	―	［ナショナリティー］Nationality
2	1920	新らしい言葉の字引：訂正増補	［国民性］	［ナショナリティー］Nationality
5	1920	現代日用新語辞典	こくみんせい［国民性］	なしょなりてぃー［Nationality英］
35	1920	新聞語辞典：再増補十一版	［国民性］Nationality	―
6	1923	新しき用語の泉	コクミンセイ［国民性］	［ナショナリティー］Nationality
3	1925	新しい言葉の字引：大増補改版	［国民性］Nationality	［ナショナリティー］Nationality
8	1926	最新現代用語辞典	コクミンセイ（国民性）	［ナショナリティー］英 Nationality
9	1928	音引正解近代新用語辞典	コクミンセイ（国民性 Nationality 英）	ナショナリティー（Nationality 英）

续表

卷	年份	辞典名	漢字形態	外来語形態
11	1930	時勢に後れぬ新時代用語辞典	—	【ナショナリティー】Nationality（英）
12	1930	モダン辞典	—	【ナショナリティー】（改）
14	1930	アルス新語辞典	—	ナショナリティー（英 Nationality）
15	1931	現代新語辞典	—	【ナショナリティー】（Nationality）
16	1931	尖端語百科辞典	—	ナショナリティー（Nationality）
17	1931	これ一つで何でも分る現代新語集成	—	ナショナリチー（英 Nationality）
19	1931	モダン語漫画辞典	—	ナショナリティー（英 Nationality）
27	1932	新文學辞典	—	ナショナリティー［Nationality］
34	1932	最新百科社会語辞典	—	ナショナリティー（英 Nationality）
23	1933	常用モダン語辞典	コクミンセイ［国民性］	【ナショナリティー】Nationality（英）
36	1933	新聞新語辞典	［国民性］Nationality	ナショナリティー（Nationality）○英
37	1933	新聞語辞典	—	ナショナリティー（Nationality 英）
		合計	10	22

【附表二】

在《太阳》杂志标题中所见"国民性"一词诞生的轨迹

卷	号	出版日期	栏目	标题	作者
1	11	1895/11/05	政治	国民の元気	吉村銀次郎
2	2	1896/01/20	教育	国民の心懸	福羽美静
2	9	1896/05/05	教育［時事］	国民の特質	—
2	11	1896/05/20	教育［時事］	西園寺文相の国民気象論	—
2	13	1896/06/20	文学［時事］	国民的詩人とは何にぞ	—
4	11	1898/05/20	時事論評	文芸界非国民的小説	—
4	11	1898/05/20	海内彙報 文学美術	国民的小説に就ての評論	—
4	19	1898/09/20	時事論評 宗教界	国民の特性と宗教（神仏二派の態度）	—
4	24	1898/12/05	時事評論 文芸界	国民的哲学／本邦に於ける国民的哲学	—
5	1	1899/01/01	時事論評 文芸界	過去一年の国民思想	—
5	6	1899/03/20	時事評論 文芸界	殖民的国民としての日本人 高山林次郎	—
7	3	1901/03/05	輿論一斑	国民性格の教養	—
7	14	1901/12/05	経済時評	国民的膨張＝移民	—
8	10	1902/08/05	論説	偉大なる国民の特性	浮田和民

续表

卷	号	出版日期	栏目	标题	作者
9	6	1903/06/01	文芸時評	美術国としての日本の国民の気質	—
9	10	1903/09/01	評論之評論	国民的実力	—
9	14	1903/12/01	時事評論	国民的意思の発表	—
11	11	1905/08/01	論説	戦争と国民の精神	—
11	16	1905/12/01	論説	国民的精神の一頓挫	—
13	6	1907/05/01	論説	国字問題と国民の性情（上）	姉崎正治
13	8	1907/06/01	論説	国字問題と国民の性情（下）	姉崎正治
14	2	1908/02/01	文芸	何故に現代我国の文芸は国民的ならざる乎	斉藤信策
14	8	1908/06/01	論説	朝野両派之大論戦　勃興的国民の元気	江原素六
15	12	1909/09/01	論説	対清外交地評国民的外交	寺尾亨
15	12	1909/09/01	雑纂	名士の伊太利観　イタリアの国民性	姉崎正治
16	15	1910/11/10	—	国土の膨張と国民性の将来	黒田鵬心
17	10	1911/07/01	—	資本の国民性	服部文四郎
18	6	1912/05/01	—	支那の国民性及社会性	大鳥居古城
19	2	1913/02/01	時評	国民的大決戦の期	坂西耕夫

续表

巻	号	出版日期	栏目	标题	作者
19	2	1913/02/01	書斎の窓より	国民精神の椎易を證する実例／日本の畸形的文明	魯庵生
19	5	1913/04/01	近著二種	江木博士の『国民道徳論』と樋口氏の『近代思想の解剖』	金子築水
19	15	1913/11/15	—	支那の南方と北方との比較 支那の国民性	長江生
19	16	1913/12/01	時評	国民精神の統一案	—
20	12	1914/10/01	—	独逸国民性	鐵田万
21	8	1915/06/15	—	御大礼と国民性	三浦周行
24	1	1918/01/01	新刊紹介	我国民性としての海国魂（山崎米三郎著）	—
24	7	1918/06/01	新刊紹介	国民道徳と日蓮主義（本多日生著）	—
24	9	1918/07/01	教育時言	国民思想善導	兆水漁史
24	9	1918/07/01	—	国民性と法律制度	清水澄
25	2	1919/02/01	—	国民道徳と宗教	帆足理一郎
25	4	1919/04/01	［新刊紹介］	国民の精神的基礎（加藤咄堂著）	—
25	7	1919/06/01	案頭三尺	国民心理の根本的改造＝国民的シヨーヴキニズ／ムは日本の国禍＝内田魯庵	—

续表

巻	号	出版日期	栏目	标题	作者
25	10	1919/08/01	—	国民思想の将来―民本主義より人格主義へ	稲毛詛風
28	12	1922/10/01	新刊紹介	金子筑二郎著「死生の境に発揮せられたる日本国民性」	—
29	1	1923/01/01	—	観たまゝの支那国民性	津田宝城
30	1	1924/01/01	—	震災に因って暴露された国民性の短所―国民の反省と自覚	下田次郎
30	1	1924/01/01	—	米国国民性の短所	—
30	11	1924/09/01	国民精神池緩	—	今村力三郎

【附表三】

明治时代英学辞书中所见"Nationality"一词之释义

序号	日本年号/西历	释义	辞书名
1）	慶応3/1867	（李冬木按，无独立解释）	和英語林集成（初版）
4）	明治5/1872	Kuni, koku（李冬木按，即"国"字的普读和训读）	和英語林集成（再版）
5）	明治6/1873	民情，民性，國	附音揷圖英和字彙
6）	明治12/1879	国之性情，好本国者，コクフウ，koku-fu，ミンプウ，minpu，ジンミンノセイシツ，jin-min no sei-shitsu，（李冬木按，转写汉字：国风，民风，人民之性质）	英華和訳字典
7）	明治14/1881	民情，国体	哲学字彙
9）	明治15/1882	民情。國。國體。民性。國風國二依テ，國ノ為ニ	附音揷圖英和字彙（2版）
10）	明治17/1884	國之性情，好本國者	訂增英華字典
11）	明治17/1884	民情，国体	改訂增補哲學字彙
12）	明治18/1885	民情（ミンジャウ）。民性（ミンセイ）。國（クニ）。國風（コクフウ）。國體。	英和双解字典
13）	明治18/1885	國風	學校用英和字典
14）	明治19/1886	Kumino, koku（李冬木按，转写汉字：国的，国）民性，转写汉字：国的，国）	改正增補和英語林集成
16）	明治19/1886	國。民性。（哲）民情。國体	新撰英和字典

续表

序号	日本年号/西历	释义	辞书名
17）	明治18, 19/1885, 1886	民情。民性。國。彼レハ何国ノ人ナルヤ。/What is his nationality?	英和和英字彙大全
18）	明治20/1887	民性（セイ）、民情（ジヤウ）、民生（セイ）國	英和字海
19）	明治21/1888	愛国；民情、国風；人民、人種、本国；国体.	附音挿圖和譯英字彙
20）	明治21/1888	民性、民情、	新訳英和字彙
21）	明治21/1888	ミンジヤウ、ミンセイ、クニ、コクタイ（李冬木按、转写汉字：民情、民性、国、国体）	袖珍新選英和字府
22）	明治22/1889	愛国○民情。国風○民情。人種。本国の国体	明治英和字典
23）	明治30/1897	①愛國。②民風、國風；③人民、人種；④本國、國體；國粹	英和字典
24）	明治30/1897	国之性情、好本国者	新増英華字典
25）	明治31/1898	國民主義、愛國、國民、國風、國体、人民、建國	學生用英和字典
26）	明治32/1899	国之性情、好本国者	新増英華字典
27）	明治35/1903	国風、民情	華英音韻字典集成
29）	明治45/1906	民情、国体、国籍	英独佛和哲學字彙

索引

中文索引

著者·译者·编者名索引

书名·篇名索引

事项索引

日本語索引

著者・訳者・編集者名索引

編名・書名索引

出版人・機関索引

事項索引

西文索引

学衡尔雅文库书目

第一辑书目

《法治》 李晓东 著

《封建》 冯天瑜 著

《功利主义》 李青 著

《国民性》 李冬木 著

《国语》 王东杰 著

《科学》 沈国威 著

《人种》 孙江 著

《平等》 邱伟云 著

《帝国主义》 王瀚浩 著

待出版书目（按书名音序排列）

《白话》 孙青 著

《共产主义》 王楠 著

《共和》 李恭忠 著

《国际主义》 宋逸炜 著

《国民/人民》 沈松侨 著

《国名》 孙建军 著

《进步》 彭春凌 著

《进化》 沈国威 著

《历史学》 黄东兰 孙江 著

《迷信》 沈洁 著

《民俗》 王晓葵 著

《启蒙》 陈建守 著

《群众》 李里峰 著

《人道主义》 章可 著

《社会》 李恭忠 著

《社会主义》 郑雪君 著

《卫生》 张仲民 著

《文学》 陈力卫 著

《无政府主义》 葛银丽 著

《现代化》 黄兴涛 著

《幸福》 谭笑 著

《营养》 刘超 著

《友爱》 孙江 著

《政治学》 孙宏云 著

《资产阶级》 徐天娜 著

《自治》 黄东兰 著

《祖国》 于京东 著

（待出版书目仍在不断扩充中）